千葉勝美

# 違憲審査

## その焦点の定め方

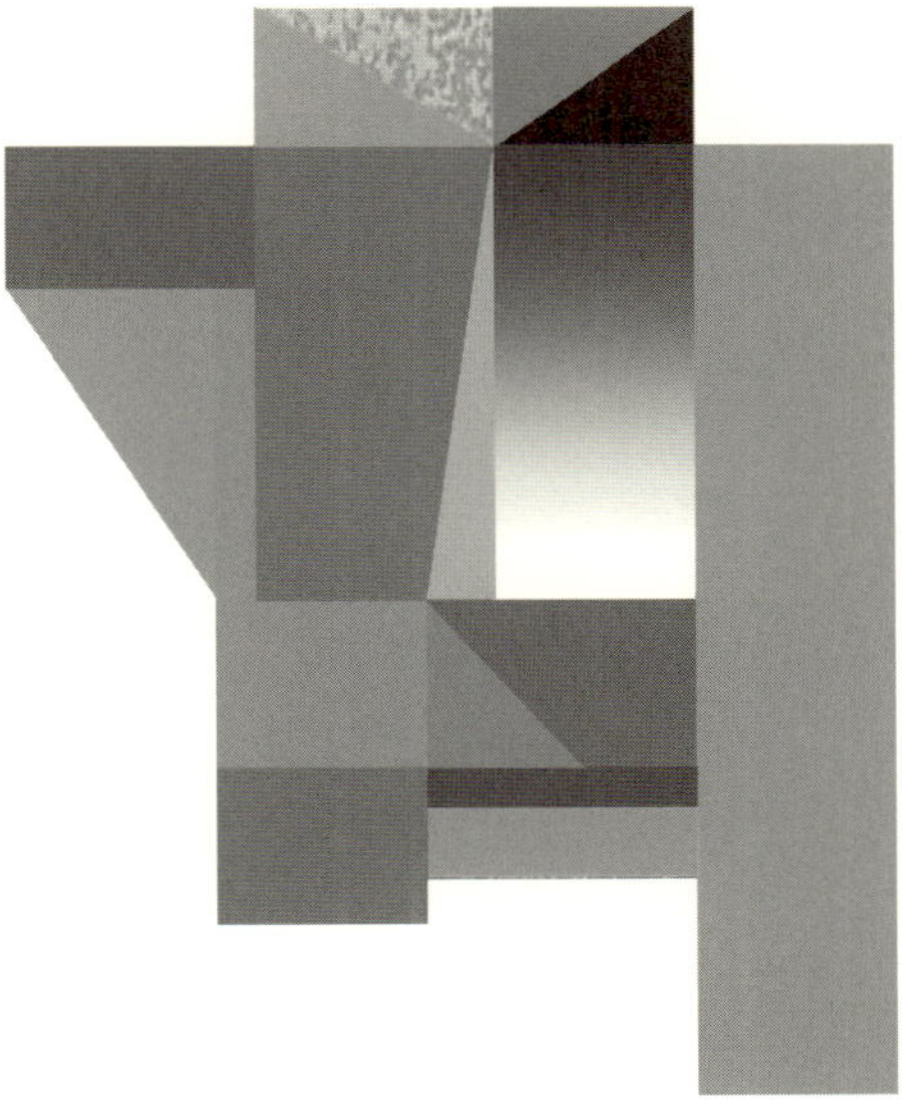

有斐閣

# はしがき

「新聞社の社会部の記者の物事の捉え方は、正義の月光仮面のようだ。被害者、弱者から取材に入り、虐げられた人々の心情に寄り添い、それに共感を持って突き進むから、狭い視野からの正義を求めて憤っているように感じる。しかし、それが取材活動のエネルギーになっているのかも知れない！」。「政治部の記者は、国の政策の中味の当否を問題にするが、その徹底した吟味よりもその関連で生ずる政局の動きという狭い次元に本能的な関心を示している！」。「経済部の記者は、経済原理、金融政策がテーマで、そこには冷静で深い理論が背景にあり、それを理解するために必死で努力する一方、政策により個々の国民や企業が翻弄される場面も注視しており、いわばマクロとミクロの両方を複眼的に見て取材し、記事に仕上げている。これは我々裁判官の感覚に近いように感じた！」。

かつて、私が裁判官として一一年目を迎えた時、さる大手新聞社でのマスコミ研修（私が記者と同行して取材し、記事原稿を書くことが中心）に約一か月間派遣されたことがある。これは、当時、最高裁としては初めての企画で、「裁判官世間へ飛び出す。」といった見出しで記事にされ、マスコミに注目された。前記の発言は、その研修終了の打上げ会の席で、指導を受けた新聞社の方々に率直な研修の感想を述べたときのものである。今から見ると、誠に無鉄砲で一方的な決め付けであったと反省しているが、裁判官の物の見方の点だけに限れば、これを分かりやすく伝えているな、と今でも考えている。

ミクロとマクロを複眼的な眼で見て審理、判断するとなると、様々な立場での見方や感情、過去、現在、未来の問題状況の認識とその評価等が絡み合うことになり、一刀両断的な歯切れの良い処理とはいかなくなる。それゆえ、その判断は、現状を是とする者、非とする者のいずれからも、不当である！不徹底である！等と批判され、あるいは、マクロ的な見方からは、将来への道筋の検討が不十分であると非難され揶揄される宿命を負っており、皆から誉められるということのない孤独な精神作用ともいえよう。

私は、平成二一年一二月から同二八年八月まで約六年八か月間、最高裁判事の職にあったが、その間、トンボの眼のように複眼的に物事を見ながら、具体的事案と悪戦苦闘し、現行法制度の意味と限界を探り、立法府・行政府との緊張関係を感じつつ、悩みながらもより良い解決策を模索し最高裁の憲法判例の形成に関与させていただいたが、その際に付加した私の補足意見について、憲法学者等から、多くの御指摘や御批判をいただいた。それらの多くは、我が国の司法部の立ち位置に関するもの、すなわち、違憲立法審査権の行使のあり方、法令解釈と違憲審査との関係、立法府・行政府と司法部との間の権限分配と相互の関係等、憲法上の司法部の機能と位置付け、国民的基盤に立った司法判断の課題に関わるものであり、このような「司法部の立ち位置」については、学説と裁判実務との乖離をいつも痛感させられてきた。

これらの御指摘等を契機に更に多くのことを考えさせられることとなったが、ここでは、私が関与した判例の解説や補足意見の更なる説明等ではなく、最高裁を離れた今、改めて、司法部の立ち位置をどう考えるのかという基本的なテーマについて、八つの事項を取り上げ、現時点での思いを紹介するものである。

そして、これは、法令解釈ないし憲法の理論に触れるものではあるが、最高裁判例の解説や法律学上の論文などではなく、ましてや前記批判等に対し、反論し憲法論的な論争を挑むようなものではない。文字どおり、最高裁判事として、事案の解決、立法府や行政府に対する司法部の関与のあり方、学説との視点の違いや共通点等、色々と悩み抜いて日々を過ごした経験を踏まえた上での、現時点での思いである。そのため、前記批判等を特定しその掲載文献を紹介したり、私の考えの論拠ともなる判例、学説等を引用する等のことは極力避け、いわば司法判断を巡る随想とでもいうべきものとしたことをお断りしておきたい。

二〇一七年三月

千葉勝美

目次

# 違憲審査――その焦点の定め方

# I　衆議院議員定数訴訟の行方
## ――司法部と立法府とのキャッチボールが終わるとき

## 一　問題の所在と考え方

### 1　定数訴訟の意義

定数訴訟（選挙無効訴訟）は、周知のとおり、衆議院議員、参議院議員の国政選挙について、選挙区における議員定数の配分（議員定数等は、中選挙区時代に使用された用語であり、今日の小選挙区制では都道府県内での選挙区の区割りの数として現れる。しかし、投票価値の平等が問われる場面ではいずれも同様の意味を有するものであるから、以下、これらは、いずれの制度を論ずる場合であっても単に「議員定数配分規定」あるいは「選挙区割りの数」等という表記を適宜用いることとする。）が人口あるいは有権者数と議員定数との対比からみて、選挙区間で不平等状態となり（人口に比して選ぶべき議員定数が、他の選挙区のそれと比べて少ない、あるいは多いという状態をいう。）、それが有権者の投票価値に較差（判決が作り出した法概念で、「こうさ」ではなく「かくさ」と呼んでいる。）を生じさせ、憲法一四条の平等原則に違反して無効であるとして、これによる各選挙を無効とすることを求める訴訟のことである。

この訴訟は、有権者であれば、誰でも自己の選挙区の選挙を対象にして提起できるもので、売買代金の支払いや不法行為による損害賠償等を求めるように、個人の主観的な権利、利益の侵害の回復を請求する通常の訴訟（これを「主観訴訟」という。）とは異なり、個人の利害とは関係なく、有権者という公的な地位だけあれば提起できるものである。すなわち、選挙区において配分されている議員定数が有権者数に比例しておらず、投票価値に不平等の較差があるという理由で、定数配分規定（全体）が違憲無効であるとして自己の選挙区の選挙の無効を求めるものである。その意味でこの訴訟は、主観訴訟との対比で、「客観訴訟」と呼ばれている。そして、このような客観訴訟は、有権者であれば、自己の個人的利益等に関係なく誰でも提起できるものであるので、主観訴訟とは異なり、法律に規定してある場合に限って提起できるものとされている。有権者が選挙の効力を争う訴訟は、定数訴訟以外にもあり、客観訴訟としてすべて公職選挙法に規定されている（例えば、選挙施行の手続に違反し、それが選挙の結果に影響する場合は、選挙民は公職選挙法二〇四条、二〇五条により選挙無効の訴えを提起できることが規定されている。）。

ところが、ここで問題にしている定数配分規定の違憲・無効を理由とする定数訴訟は、選挙手続の違反等を問題にするのではなく、そもそも定数配分規定という選挙制度の中味そのものが憲法違反となっており無効であるとして提起するものであって、前述のように公職選挙法が規定する本来の選挙無効訴訟とは似て非なるものである（本来の選挙無効訴訟では、選挙手続を誤って施行されて無効とされたのであるから、改めて適正な手続で再選挙すれば済むことになる。）。そのため、一応、公職選挙法二〇四条等を借用する形をとってはいるが（いわゆる「借用適用」という。）、本来、公職選挙法が予定しているものではなく、最高裁が判例法理により創造した訴訟類型なのである。

この訴訟は、我が国では、かつて、越山康弁護士が、米国の連邦最高裁判所が判例で認めていた例に倣い、訴訟代理人として訴えを提起したことから始まり、当初は、公職選挙法が規定していない（予定していない）訴訟類型であるとして不適法とされてきたが、衆議院議員定数訴訟にかかる昭和五一年四月一四日言渡しの最高裁大法廷判決の多数意見（民集三〇巻三号二二三頁。以下、特に断らない限り、最高裁判決は、すべて多数意見（ないし法廷意見）を指している（＊）。）が、初めてこれを判例法理により特定の訴訟類型として確立したことが始まりである（参議院議員定数訴訟については、投票価値の平等が憲法上保障されていることを示した昭和五八年四月二七日最高裁大法廷判決・民集三七巻三号三四五頁が最初の定数訴訟といえよう。）。その後、定数訴訟は、越山弁護士率いるグループが訴訟代理人を務め、国政選挙の度に訴訟提起されて憲法判断が示されるようになり、最近では、新たに、升永英俊、久保利英明、伊藤真弁護士らのグループも、別途、定数訴訟を展開してきている。

＊裁判所法一一条は、最高裁の裁判書には各裁判官の意見を表示しなければならないと規定しており、多数の裁判官によって形成された意見は、共同して表示され、「多数意見」といわれている。それ以外の個別意見としては、多数意見に加わった裁判官がそれに付加して自己の意見を述べる「補足意見」、多数意見に結論、理由ともに反対するものが「反対意見」、結論は多数意見と同じだがその理由付けが異なるものが「意見」とされている。最近は、個別意見のうち、反対意見及び意見を合わせて「少数意見」と呼ぶことが多い。また、個別意見がなく全員一致で形成された意見又は個別意見としては補足意見のみで少数意見がない場合の意見は、多数意見ではなく、「法廷意見」と表示されている。

## 2　定数配分規定の不可分性

定数配分規定は、選挙区ごとにバラバラに独立したものではなく、総議員定数が予め決められそれを全国の各選挙区に配分するものであるため、各選挙区の定数配分をどうするかは、全選挙区を全体的に見て考えるべきもので、それぞれが不可分ないし相互に関連するという性質を有するものである(ある選挙区の議員定数を増やせば、その分だけ他の選挙区の定数を減らすという増減が必要となる。)。そのため、一つの選挙区の定数配分規定の無効は全体の無効に繋がり、すべての選挙区の定数配分規定が違憲・無効と評価されることになるので、極端な場合、全選挙区で定数訴訟が提起されると、理論的には、すべての選挙区の選挙が無効とされる結果が生じることになるのである。

### 3　司法部と立法府とのキャッチボール

最高裁の判例法理では、立法による制度の創設とは異なり、この定数訴訟に関するあらゆる問題を予め定めてはいないため、訴訟の展開によって重要な問題が生じた際には、その段階で、判例法理を発展させるということとなる。そのため、この訴訟は、最高裁の判断に対して立法府がどのような対応をとるのかによって、新たな展開を見せる可能性があり、その行方がどうなるのかが大問題となる。特に、これまでも、最高裁は、定数配分規定における較差の是正を促す判断を示し、適宜の立法措置（定数配分規定の改正等）を促していわばボールを立法府に向けて投げているが、その場合立法府がそれを受け止め、法改正等で較差の是正を行った上で、ボールを司法部に投げ返してきており、次に施行される選挙に対して再び定数訴訟が提起されたときに、司法部がその憲法適合性を判断するということになってきている。このようにして、これまで、このような両者間のキャッチボールが続けられていたのである（例えば、中選挙区時代の昭和六〇年七月一七日大法廷判決・民集三九巻五号一一〇〇頁により違憲とされた最大較差四・四〇倍については、その後昭和六一年五月二三日の八増七減の公職選挙法の定数配分規定の改正により是正され、また、現行の小選挙区制においては、平成二三年三月二三日大法廷判決・民集六五巻二号七五五頁で違憲状態とされた最大較差二・三〇四倍については、〇増五減を内容とする平成二五年改正法により是正された等)。

なお、これまでの衆議院議員定数訴訟についての最高裁判例の推移は、次頁の「衆議院議員定数訴訟についての最高裁の判例一覧」のとおりである。

この司法部と立法府とのキャッチボールの意味について、平成二五年一一月二〇日大法廷判決(民集六七巻八号一五〇三頁。なお、私は主任裁判官を務めた。)は、次のように述べている。

『裁判所において選挙制度について投票価値の平等の観点から憲法上問題があると判断したとしても、自らこれに代わる具体的な制度を定め得るものではなく、その是正は国会の立法によって行われることになるものであり、是正の方法についても国会は幅広い裁量権を有しており、……国会において自ら制度の見直しを行うことが想定されているものと解される。換言すれば、裁判所が選挙制度の憲法適合性について……一定の判断を示すことにより、国会がこれを踏まえて所要の適切な是正の措置を講ずることが、憲法の趣旨に沿うものというべきである。』

しかしながら、このキャッチボールがいつまでも続くという保障はない。定数配分規定が憲法の投票価値の平等原則に反する状態(「違憲状態」という。)になっているとする司法部の判決がされた後も、立法府の的確な対応がされないまま経過し、較差是正のための立法措置を執るには一定の期間が必要であるとしても、そのために必要な期間(「合理的期間」という。)を徒過したとされるときには、司法部がボールを投げたにもかかわらず国会がそれを受け止めてしっかりした返球がされていないという

## 衆議院議員定数訴訟についての最高裁の判例一覧

| | 判　決 | | | 対象となった選挙 | | 結　論 | |
|---|---|---|---|---|---|---|---|
| | 判決日 | 法廷 | 判例集等 | 選挙日 | 最大較差 | 判断 | 意見分布 |
| ① | 昭 51.4.14 | 大 | 民集 30.3.223 | 昭 47.12.10 | 4.99 | ▲ | 多数 8，反対 7 |
| ② | 昭 58.11.7 | 大 | 民集 37.9.1243 | 昭 55.6.22 | 3.94 | △ | 多数 8，反対 7 |
| ③ | 昭 60.7.17 | 大 | 民集 39.5.1100 | 昭 58.12.18 | 4.40 | ▲ | 多数 14，反対 1 |
| ④ | 昭 63.10.21 | 2 | 民集 42.8.644 | 昭 61.7.6 | 2.92 | ○ | 多数 4，反対 1 |
| ⑤ | 平 5.1.20 | 大 | 民集 47.1.67 | 平 2.2.18 | 3.18 | △ | 多数 8，意見 2，反対 5 |
| ⑥ | 平 7.6.8 | 1 | 民集 49.6.1443 | 平 5.7.18 | 2.82 | ○ | 多数 3，反対 2 |
| ⑦ | 平 11.11.10 | 大 | 民集 53.8.1441 | 平 8.10.20 | 2.309 | ○ | 多数 9，反対 5 |
| ⑧ | 平 13.12.18 | 3 | 民集 55.7.1647 | 平 12.6.25 | 2.471 | ○ | 多数 3，反対 1 |
| ⑨ | 平 19.6.13 | 大 | 民集 61.4.1617 | 平 17.9.11 | 2.171 | ○ | 多数 9，意見 3，反対 3 |
| ⑩ | 平 23.3.23 | 大 | 民集 65.2.755 | 平 21.8.30 | 2.304 | △ | 多数 12，意見 1，反対 2 |
| ⑪ | 平 25.11.20 | 大 | 民集 67.8.1503 | 平 24.12.16 | 2.425 | △ | 多数 10，意見 1，反対 3 |
| ⑫ | 平 27.11.25 | 大 | 民集 69.7.2035 | 平 26.12.14 | 2.129 | △ | 多数 9，意見 2，反対 3 |

最大較差欄の数値は，各選挙当時の選挙人数に基づくものである。
⑦以降は，小選挙区制の下でのものである。

【判断】○合憲
△違憲状態・合憲
▲違憲・事情判決

事態となり、ここでキャッチボールが途絶えることになる。その場合、これまでの判例では、合理的期間を徒過して違憲状態のまま行われた選挙についてはその定数配分規定は「違憲」となるが、訴訟の対象となる選挙自体については、通常は、無効とはせず（選挙を無効とすることが憲法の所期しない大きな混乱を招くこと等が考慮される。）、主文でその違法を宣言するに止めるという「違法宣言判決」がされてきた（このような処理を「事情判決の法理」という。）。しかし、更にその後もなお是正されない状態が続き選挙が行われた場合には、司法部は、再度違法宣言判決をする（選挙自体は無効としない。）のか、あるいは、対象となる選挙を無効とする究極の判決をするに至るのか、を検討するという、これまでにない事態に見舞われることになろう（＊）。

＊ 定数訴訟は、公職選挙法二〇四条の選挙無効訴訟の規定を借用適用したものであるから、他の選挙訴訟と同様に、性質上、確認訴訟（当該選挙が違法か否かを確認する訴訟）ではなく、形成訴訟（当該選挙の効力を否定するか否かを決めるもの、すなわち一定の法律状態を形成する効力を有する訴訟）である。そうすると、本来、無効事由があれば、当該選挙の違法を確認する「違法宣言判決」をするのではなく（これでは何らかの法律状態は形成されず、確認訴訟と大差がない。）、主文でその効力を否定する選挙の無効を宣言し、無効という法律状態を形成すべきものである。これまでの違法宣言判決は、無効とすることを猶予しただけであって、永遠に違法宣言をし続けることは、定数訴訟としては予定していないと言わざるを得ない。

逆に、選挙区間の投票価値の較差について、人口移動を反映させ、自動的に、あるいはその都度速やかに是正する制度・方策を採る仕組みができる場合には、もはや定数訴訟・選挙無効訴訟は不要となり、その出番はなくなって、その役割を終えるという考え方も出てこよう（定数訴訟が提起されても、常に請求棄却の判決がされて終わることになる。）。

これらいずれかの事態が生ずれば、司法部と立法府とのキャッチボールが終わる（終える）可能性があるが、判例法理は、この事態に対しどのような展開をするのか、特に、前者の場合選挙を無効とする判決がされるのかについては、最高裁はいまだ沈黙したままである。この点が、将来の定数訴訟が抱える最大の課題となる可能性がある。

## 4　判例法理の今後の展開

私は、最高裁判事としての六年八か月のほか、それ以前に、平成五年一月二〇日の衆議院議員定数訴訟大法廷判決事件（民集四七巻一号六七頁）を最高裁調査官として担当し、さらに、最高裁首席調査官として平成一九年六月一三日の大法廷判決事件（民集六一巻四号一六一七頁）を担当しており、これらも加えるとこれまで五件もの衆議院議員定数訴訟と、三件の参議院議員定数訴訟に関与してきており、この訴訟の抱える多くの法的問題に頭を悩ませてきている。

本稿では、特に前者、すなわち事情判決後も較差が十分に是正されない場合、最高裁の判例法理が生んだ定数訴訟が今後どのような展開となるのかについて、幾つかの論点を指摘しながら、私見ないし予想を残しておきたいと考える。もっとも、これはあくまでも私的なものであり、それが今後採用されるのか、予想が外れるのかは定かではない。キャッチボールが終わりゲームセットになるのか、新たにプレーボールとなるのか、興味津々である（＊）。

＊ 私が比喩として用いたこの「キャッチボール」については、司法部が立法府に投げ返すボールが緩過ぎ、もっと強い球を投げるべきであるとする指摘もされている。これまで立法府の対応が不十分であることからすると、そのような指摘をしたい気持は十分に理解できるが、相手がキャッチできない強過ぎる球や捕球ミスを誘うような球では、投げた球が返ってこなくなり、キャッチボールが続かなくなってしまう。そのような事態は、司法部の投げた球が立法の裁量を無視した暴投で、キャッチボールにふさわしくないとする口実を与えることにもなり、誠に悩ましいところである。

## 二　定数訴訟の行き着く先

### 1　残された最後の論点

較差が「違憲状態」とされたが、国会がそれを是正するための必要な立法対応を怠り、定数配分規定（選挙区割り）を改めて較差を解消する立法措置を執るという「是正のための合理的期間」を徒過したままであるとなると、次は定数配分規定（選挙区割り）が「違憲」とされる事態に陥る。その場合の選挙の効力をどうするかが問題となる。すなわち、その場合でも、主文で当該選挙の違法を宣言するが、選挙自体を無効とはしないという処理（前述したいわゆる「事情判決の法理」である。行政行為を無効とする場合の影響の大きさから司法部の対応として行政事件訴訟法三一条ないし法の一般原則においてこのような処理ができるとされている。）がいつまで続けられるのか、もはやキャッチボールを続ける余地ないし意味がないとして選挙を無効とすることがあり得るのか？

これまでの最高裁は、昭和五一年四月一四日大法廷判決及び昭和六〇年七月一七日大法廷判決において事情判決をしたが、その後、較差是正のためにそれなりの立法的対応がされてきているので、事情判決が出された後になお較差の是正がされないままの場合に選挙を無効とすることを真剣に考える機会がなく、そのような判例法理を考える必要もなかった。そのため、選挙を無効とするような判例法理があり得るのか、それがどのようなもので現実に適用できるのかについては明示しておらず、これが定数訴訟に残された最後の重大な論点であり、最大の難問でもあろう。

## 2　定数訴訟の特殊性と問題点を考える視点〜平成二七年大法廷判決

本論に入る前に、ここでまず、定数訴訟の特殊性の理解等のために、平成二七年一一月二五日衆議院議員選挙訴訟大法廷判決（民集六九巻七号二〇三五頁）と、そこでの私の補足意見の指摘を紹介しておく。

(1) 事案の紹介と多数意見

この判決は、平成二六年一二月一四日に施行された衆議院議員総選挙（本件選挙）が対象となっている。この選挙においては、全国に二九五の選挙区（議員定数）を設けており、かつては、各都道府県の区域内の選挙区の数は、各都道府県に予め一を配当した上で（以下、このことを「一人別枠方式」という。）、これに、残りを人口に比例して各都道府県に配当した数を加えた数とするとされていたが、平成二三年三月二三日の大法廷判決（民集六五巻二号七五五頁）は、一人別枠方式を定めた規定は人口比例原則に反し、憲法の投票価値の平等に反する較差を生じさせている原因になっていると指摘したため、規定自体はその後国会において削除されていた。

この平成二七年大法廷判決（多数意見）は、一人別枠方式を定めた規定は削除されたがその方式による定数配分の残滓が残っており、全体としてみて較差是正が不十分で、全国の選挙区間のうち最大較差が一対二・一二九（宮城県第五区対東京都第一区）となっていること等を理由に、定数配分規定（選挙区割り）は違憲状態であるとした。しかし、いまだ是正のための合理的期間を徒過してはいないとして、結局、この較差が憲法一四条等に違反するとはいえないとしている。

(2) **私の補足意見**

前記大法廷判決の多数意見を踏まえ、私は、次のとおり補足意見を付加している。

『私は、憲法上要求される投票価値の平等と定数訴訟ないし選挙無効訴訟との関係について、多数意見に付加して、次のとおり私見を述べておきたい。

1　投票価値の較差についての憲法上の評価の推移

(1)　当審における昭和五一年大法廷判決以降の累次の大法廷判決（多数意見をいう。以下同じ。）の趣旨によれば、定数配分及び選挙区割りの決定に際しては、憲法上、投票価値の平等の要請は、最も重要かつ基本的な基準とすることが求められているものであるが、本件では、平成二四年改正法及び平成二五年改正法による選挙区割りの変更の結果、選挙区間の最大較差は、平成二二年国勢調査による選挙区間の人口によれば一・九九八倍となったものの、本件選挙時における選挙区間の選挙人数によれば、これが二・一二九倍と拡大し、較差二倍以上の選挙区も一三存在している。

ところで、本件訴訟は、公職選挙法二〇四条が適用される選挙無効訴訟として捉えられており、その無効事由の存否は、選挙区割り決定時ではなく、選挙時において判断されるものであるから、上記一・九九八倍ではなく、二・一二九倍の最大較差を憲法上どのように評価するかによって決せられることになる。

（なお、平成二五年大法廷判決は、対象となる平成二四年一二月一六日施行の衆議院議員総選挙の時点で、較差が違憲状態であるとした上で、それが合理的期間内における是正がされなかったかどうかを検討する過程において、立法府における平成二四年改正法の後にされた取組も視野に入れると較差是正の実現に向けた一定の前進と評価し得る法改正も成立しているといえるが、他方、いわゆる一人別枠方式の残滓は解消されていないと指摘し、その上で、事柄の性質を鑑みるとこれを一気に解消するのではなく漸次的な見直しを重ねて対処すること等も許されると説示している。すなわち、平成二五年大法廷判決は、上記一・九九八倍の最大較差をもたらした平成二五年改正法の成立が、対象となる選挙時点での立法府の較差是正に対する真摯な姿勢を推測させるいわば事後的・付加的事情であり、その意味で合理的期間を徒過したか否かの考慮要素ともなるため摘示したものであり、審理の対象外である〇増五減を実現した平成二五年改正法自体（特に投票価値の較差）についての合憲性判断をしているわけではない。）

(2) ところで、昭和五一年大法廷判決以降、これまで、当審においては、投票価値の較差の問題について、中選挙区制の時代には、最大較差二・九二倍（昭和六三年第二小法廷判決の事案）や同二・八二倍（平成七年第一小法廷判決の事案）であっても違憲状態とはせず、また、現行の衆議院議員選挙の小選挙区比例代表並立制の下においても、平成一九年大法廷判決までは較差が二倍を超えても（平成一九年大法廷判決では、最大較差二・一七一倍であった。）これを投票価値の平等の要請に反せず違憲状態とはいえないとする判断を続けてきた。しかしながら、その後、平成二三年大法廷判決では、人口比例原則とは相いれない一人別枠方式（当時の区画審設置法三条二項）を改めて取り上げ，これまでこの方式の憲法適合性を肯定する論拠としていた，小選挙区制導入という大きな選挙制度の変革の際のいわば激変緩和措置としての合理性は，もはや失われるに至ったとして憲法適合性を否定し，また，同法三条一項が選挙区間の人口の最大較差が二倍未満になるように区割りをすることを基本としているが，これは投票価値の平等の要請に配慮した合理的な基準を定めたものであるとする基本姿勢を示した上で，最大較差二・三〇四倍を違憲状態とした。次の平成二五年大法廷判決でも，この平成二三年大法廷判決の基本姿勢を踏襲した上で，最大較差二・四二五倍を違憲状態としている。そして，今回は，最大較差二・一二九倍について，平成一九年大法廷判決の較差よりも小さいにもかかわらずやはり違憲状態と評価している。このように，当審は，平成二三年大法廷判決を契機として，従前よりも投票価値の較差の評価を厳しく行う姿勢に転じてきているといえよう。

2　投票価値の較差の評価が厳しくなった理由等

(1)　憲法は，国民一人一人が選挙を通じて平等に国政に参与し得るという基本的権利の保障として，一人一票を予定していると解される（一四条，一五条等）。このことは，純理論的には，国政の選挙制度において，いわゆる各人の投票価値に差異が生じそれが最大二倍以上となるときには，実質的に他の倍以上の数の選挙権を与えたという評価が生ずることになり，上記の基本的権利の保障との観点からは避けるべき事態であるといえよう（昭和五八年大法廷判決における中村治朗裁判官の反対意見参照。もっとも、投票価値の平等は、選挙制度の仕組みを決定する絶対の基準ではなく、他の考慮要素と調和的に実現されるべきである点は留意が必要である。)。

(2) また、平成六年に衆議院議員選挙について小選挙区比例代表並立制が導入されるに際し、選挙区画を定める区画審設置法三条一項は、選挙区割りの改定案の作成の基準として、各選挙区間の人口の均衡を図り、人口における較差が二倍以上とならないことを基本とするべきことを規定しており、これは、各選挙区間の投票価値の較差が二倍以上となる事態は避けるべきものであるという認識を踏まえて立法的対応をしたものであって、全国民の民意を代表すべき国会自身が投票価値の平等の問題を重視したことの表れであろう(なお、同条二項の定める一人別枠方式については、同条一項の趣旨とは異なるが、その後削除された。)。

(3) さらに、有権者において、小選挙区における選挙行動(投票)を幾たびか経験することにより、自己の投票が対象となる候補者の当落に直結し、当該選挙区における当選議員がそれで全て決まることが明らかになることから、各人の投票の持つ意味、すなわち投票こそが国民としての国政への参加の証であるという参政権行使の現実的かつ憲法的な意味が実感されることになり、その結果、投票価値の平等の憲法上の重要性の認識が格段に広まってきたといえよう(近時、投票価値の平等やそれをめぐる訴訟に関連するマスコミ報道が大きく展開される傾向にあるのは、その表れであろう。)。

(4)　以上を踏まえて、更に次の点が指摘できよう。

民主主義国家の基本原理である代表民主制は、選挙により選ばれた議員が多数決原理により国の重要政策を決定するものであるところ、我が国において、近時、多くの価値観が鋭く対立する政策課題が増え、社会における利害状況が複雑化し、他方、社会や経済の流動化やグローバル化が進み、国際的な緊密化も進展する中で、どのように国民的意見を集約して国政を運営するかが深刻に問われる状況が出現してきているが、これらは、国民各自の自覚的で明確な判断によるべきであるという主権者意識を強く生じさせるようになり、その結果、代表民主制の原理の持つ意味がますます重要性を増してきているといえよう。そのような状況において、政治の正統性、あるいは政府・内閣の政策活動の正統性が厳しく問われることとなってきている。すなわち、このような観点から、各議員が正しく国民の声を反映した選挙により選出されたのかどうかが国民の間で深刻に意識されるようになってきたのである。

なお、今日の我が国の社会的・政治的状況の下で、政治の正統性がより強く意識されてきているという点は、詳細は省くが、周知のとおり、米国連邦最高裁長官アール・ウォーレン(Earl Warren, 長官在位一九五三年から六九年)時代に、Baker v. Carr, 369 U. S. 186 (1962)等の一連の判決により、議員定数不均衡問題を初めて司法審査の対象に据え、平等原則を徹底する判例法理を確立していったという出来事があり、その背景事情として、当時、世界の超大国となった米国において、人種差別問題や投票価値の不均衡等の国家の重要課題について、政治部門が解決策を打ち出せないでいたという社会的・政治的状況があり、民主的統一国家としての正統性が揺らぎかねない事態に見舞われ、国民の間に、司法部の積極的な対応により正統性を確立すべしという声が高まっていたという歴史（この点を指摘するものとして、当職ほか二名による最高裁判所の司法研究報告書第四三輯第一号「欧米諸国の憲法裁判制度について」六六頁以下、一二六頁以下等参照）を、想起させるものである。

(5) もとより、投票価値の較差についての合憲性審査の判断基準は、数値で一義的に示すべきものではなく、他の考慮要素との総合判断であるが、今回、本件の多数意見が、最大較差二・一二九倍を違憲状態と判断したのは、平成一九年大法廷判決がこれよりも大きな最大較差二・一七一倍を合憲状態とした当時と比べて、投票価値の平等に関する上記のような憲法的状況の変化、特に、政治の正統性への要求が高まってきたことを踏まえての判断であると考える。（なお、参議院議員の選挙区選挙については、三年ごとに議員の半数が改選されるため定数の偶数配分が求められる等の憲法上の制約等があり、定数配分の際には、衆議院議員選挙制度ほどには人口比例原則が徹底できないのはやむを得ないところもあって、衆議院と同列には論じられない面がある。）

### 3　人口比例原則と地方（過疎地域）への配慮

(1)　ところで、今日の我が国社会において、人口の地方から大都市への流入が続き、過疎対策との関係で地方の振興が課題になっており、そこでは、地方の過疎地域の実情を踏まえ、そこでの社会的、経済的、地域的な産業構造や振興策等の問題点を十分に認識し、地域振興のために何が必要なのか等について、それを国政に問題提起し、反映させる議員活動が重要であろう。そうであれば、そのことを十分になし得るのは地方の実情に詳しく、体験的にその状況を実感している地元の議員がふさわしいところ、人口比例原則だけで選挙区割り等を行えば、地方選出の議員の数が少数にとどまらざるを得ないことになるため、地方振興の観点からは、地方に対する配慮を実現できるような人口比例原則とは異なる理念に基づく選挙区割り策定の原則が必要であるとする見解も見られる。この見解は、現実の政治活動の場面を想定すれば、それなりに説得力を有するものであるが、ここで問われているのは、そのような人口比例原則に背馳する対応をとることにより生ずる較差の結果が、憲法の許容する程度に収まっているかどうかなのである。

(2)　我が国の憲法は、九二条以下で、地方自治の原則を定めてはいるが、米国やドイツでの州のように、一定範囲の完全な地方分権を認めてはおらず、中央集権的な統治機構を採用している。

また、地方における政治的課題の解決のために地方の声を代弁する議員が必要であるとして、選挙区割りの際に人口比例原則を貫くことを疑問視する上記見解については、憲法上、国会議員は、地域の代表ではなく、全国民を代表して行動することが要請されており（四三条一項、一五条二項）、全国民の利益ではなく専ら地方固有の利益の実現を図るための議員活動というものを想定してはいない（我が国憲法は、米国の連邦憲法が上院議員選挙制度につき州の代表を選出するものとして人口比例原則とは異なる代表制を規定しているのと異なり、国会議員の選挙を地域（地方）代表制とする旨を規定してはいない。）。

(3)　さらに、地方の利益、地方の振興、災害からの復興等という観点からみても、次のような指摘ができよう。今日、社会、経済、文化等の流動化、グローバル化が激しくなり、地方の問題が大都市の問題にも直接的な影響を及ぼす面が多くなり、現実にも、地方と大都市との間で利害が反するというよりも、相互の調整、協力により対処すべき問題がほとんどであり、地方の利益と大都市の利益とを区別してこれを対立的、二律背反的に評価すべき状況ではなくなってきている。すなわち、地方振興等の問題は、当該地域固有の利益ではなく、我が国全体の利益に直接繋がる問題でもあり、地方の農業、酪農、漁業、商業、工業等の産業構造の現状の評価、その振興策の緊急度ないし重要性、対応策をどう考えるか、政策の優先順位をどうするか等は、今や全国的な視点で検討すべきテーマとなっている面が多く、持続的で安定した地方の発展のためには、大都市と地方との「役割分担」と「連携」の視点が極めて重要となってきているといえよう。

(4)　以上によれば、人口の少ない地方の実情を国政に届ける地方選出議員の存在が重要であるとしても限度があり、今日の社会・経済の全国的な流動化が進み、情報化が飛躍的に向上した状況下では、投票価値の較差の評価において、憲法上の平等の観点から要請される人口比例原則に明らかに反する程度まで許容することの合理性は、説明できないところとなっている。多数決原理により制定される我が国の各種政策の正統性に疑義を生じさせる余地は速やかに排除していくべきであろう。

4　人口比例原則を踏まえた選挙制度の構築

(1)　上記のとおり、我が国の人口分布は、これまで「地方から大都市へ」という大きな移動の流れがあり、この傾向は、当分の間は変わらずに継続するものと推察される。そのため、現行選挙制度を前提とする限り、投票価値の較差は、今後も、必然的に拡大する傾向にあり、現状維持ないし縮小することは当面望めそうにない。

そうすると、平成二五年改正法が、前記のとおり最大較差一・九九八倍となる改正措置を採ったが、上記の人口の地方から大都市へと流入が続く現状を見る限り、較差是正のための対応策としては、それが緊急措置としてであっても、程なく違憲状態とされる程度に拡大することは明らかであって（本件では、正にそのような状態が生じてしまっている。）、やはり弥縫策としての評価を免れないところであり、このような轍を再び踏まないような抜本的な改正措置が期待されるところである。

(2) そこで、上記のような我が国の人口変動の動向を踏まえると、較差の速やかな是正のためには、頻繁に選挙区割りを変更する改正法の制定を繰り返すのではなく（選挙区割りを変更する改正法の制定が過大の時間と労力を要することは周知のところである。）、人口の大都市への流入が続くことを前提に、人口変動に対応して、常時（少なくとも選挙時において）、較差が過大とならないよう選挙区割りがほぼ自動的に変更・修正されるようなシステムの構築が望まれるところであり、そのような較差是正のシステムが制定されれば、今後、衆議院議員総選挙が行われるたびに、投票価値の較差の違憲性を理由に選挙の効力を争う選挙無効訴訟が提起されるという事態は、解消されることになり、そうなれば、司法部において、公職選挙法二〇四条を借用適用して判例法理で創設した投票価値の較差を問題とする定数訴訟ないし選挙無効訴訟は、衆議院議員の選挙についてはその目的を達成し、役割を終えることにもなろう。

このような機能を有するシステムには、様々なものが考え得るところであり、人口比例原則が基本の理念・方式とされているのであれば、具体的な方策は、立法府の裁量により決せられるべきことは当然である。いずれにしろ、国会の速やかで適切な裁量権の行使を期待したい。

5　実効性のある司法部と立法府との相互作用

平成二三年三月二三日言渡しの平成二三年大法廷判決以来、二度の衆議院議員選挙が施行され、また、その間に平成二四年改正法及び平成二五年改正法が制定、施行されてきたが、投票価値の較差についての十分な是正はされないまま、平成二六年一二月一四日に、本件選挙が施行されており、一人別枠方式の残滓があり較差の是正も十分とはいえない状態が今日まで約四年半も続いている。しかし、国会においては、利害が錯綜し、調整の容易でないテーマについて、多数意見が指摘するように、衆議院選挙制度に関する調査会が設置され、投票価値の較差の更なる縮小を可能にする制度の見直しを内容とする改正案が検討されるなど、当裁判所大法廷の判断を踏まえた制度の見直しについての検討が続けられており、司法部と立法府とのそれぞれの機能、役割を踏まえた緊張感を伴う相互作用が行われているといえよう。国家機構の基本となる選挙制度の大改革を目指し、両者の間で、いわば実効性のあるキャッチボールが続いている状況にあり、司法部としては、選挙を無効とする等の対応を採るのではなく、この相互作用が早期に実りある成果を生むようにしっかりと見守っていくことが求められるところであろう。』

## 3 憲法上許容される較差の数値的限界～較差が一対一を少しでも超える以上違憲とすべきか？

較差の評価において、基本的な疑問としてよく提起されるのは、較差の数値的な限界はどこにあるのか、であり、ここで、予めこの点を若干補足しておきたい。

### (1) 較差を数値で明示することの是非

この点は、例えば、一人一票の原則を重視し、有権者の投票権が数の上で一票であるだけでなく、投票価値においても限りなく平等であるべきであって、較差をなくすべきであり、人口比例の原則により議員定数（小選挙区制の場合には、選挙区割り）を定めるべきであるから、投票価値の較差は、限りなくゼロ、すなわち最大較差は一・一倍未満とすべきであるとする見解がある。確かに投票価値が二倍を超える状態となると、一人一票の原則が実質的に保持されないこととなるので、基本的には、許容される範囲としては、較差は二倍未満というのが一応の目安となろう。しかし、許容される較差の程度の問題は、国会の立法裁量の逸脱・濫用とされる限界がどこかを判断するものであり、数値的基準を示し、その基準をわずかな小数点以下でも上回るか、その基準未満の較差かで、アウト、セーフの判断が分かれることとなるのは、事柄の性質からして、適当とは思われない。これまで、最高裁判所は、限界となる数値を一般的に判示した処理をせず、投票価値の平等が最も重要な要素ではあるが、他の政策的目的との調和の観点からの総合判断であるとしており、今後も、明示的に基準となる数値を示した上で違憲か否かを判断する、という手法は採らないものと思われる。

(2)　米国連邦最高裁判所の定数訴訟における対応

この点については、投票価値の平等が憲法上の要請であるとすれば、その較差はできるだけ一対一を超えないようにすべきであるとし、その論拠として、我が国において判例法理で定数訴訟を認める際に参考とした米国連邦最高裁判所は、定数訴訟において、この点について厳しい姿勢を示しており、それに倣うべきであるとする見解がある。

これについては、多くの論稿等が紹介しているため詳細は避けるが、連邦最高裁判所長官ウォーレン（Earl Warren）・コートの定数訴訟判決の状況としては、著名なベイカー対カー事件、レイノルズ対シムズ事件、カートパトリック対プレイスラー事件、さらには、スワン対アダムス事件等において、一連の注目すべき判断を示している。そのうち、ベイカー判決の事案は、連邦憲法一条二項が連邦下院議員の選挙区割りについては、各州間に人口に比例して配分されると規定し、連邦法によって、国勢調査の結果に従って機械的に割り振るとされているが、各州の中ではその配分は州議会が決めることとされ、多くの州では投票価値の平等を大きく損なう状態が生じていたところ、この不平等状態が違憲であるとして選挙の効力が争われたものである。

ウォーレン・コートは、定数配分規定の憲法適合性の問題は「政治問題」（司法判断には適さないテーマで、司法審査の対象外にあるもの）であるとしていた従前の連邦最高裁判所の判例を変更し、司法審査の対象になるとして、連邦地裁に差し戻し、連邦地裁と州議会との間で、定数配分規定の改正法についての憲法適合性に関して、キャッチボールが行われることとなった。

ウォーレン・コートは、さらに、一九六七年一月の第三次スワン対アダムス事件で、フロリダ州における上院議員定数配分規定において、最大較差一対一・三〇についても違憲とする厳しい判断を示している。この判決をどう評価するかが問題である。

(3) 米国連邦最高裁判所の対応の評価と我が国の実情

米国連邦最高裁判所で問題となったのは、まず、連邦法ではなく個別の州法であり、連邦最高裁判所としては、上院議員の議員定数配分について州議会の立法裁量をどの程度認めるべきかという観点からの検討がされたものである。そして、フロリダ州においては、州内の人口の移動は当然あろうが、我が国のように、全国において常に地方から大都市への人口移動が大きな潮流となっているのとは異なり、州内でそのような潮流が続いているとはいえず、それゆえ、頻繁に較差の是正を図らなければ大きな較差が是正できないという状況にはなく、厳密な人口比例原則を貫き、一・一倍超の較差も許さないとする厳しい判断をしても、較差是正措置を頻繁に繰り返さなければならなくなるわけではない。

ところが、人口の一極集中的な移動が極端に行われる我が国において、わずかな較差でも是正すべしとすると、そのためには、国会において、定数配分規定を毎年改正する必要が生じ、それが毎回、大きな政治的懸案事項ないし各政党内外の利害対立のテーマとなり、調整が難航するのである。これは、選挙制度を定めるに当たり考慮されるべき政治の安定（定数配分が頻繁に変更となり、当該選挙区での選挙の結果がその都度変わり、政治的に大きな不安定要因となる。）を損なうことにもなろう。

また、離島や地理的な過疎地等が多数ある国の国土の状況等によれば、選挙区の定め方の困難性は、米国の各州におけるそれとは比べものにはならず、また、定数配分規定は、米国のように各州の内部問題ではなく、正に、国政に直結する選挙制度の根幹に係るテーマであって、さらに、前記のとおり、人口比例原則だけではなく、他の要請との調和的な実現を目指すべきものでもある。

以上によれば、投票価値の較差について、米国と我が国では、厳格に一対一の原則を要求する前提が異なり、許容すべき較差の程度について、国会の広い立法裁量が認められるべきものであろう。従前から、最高裁大法廷の多数意見が、定数配分において投票価値の平等が最も重視されるべき要請であるとしても、他に考慮すべき諸要請と調和的に実現されるべきものであると判示しているゆえんである。

## 4　事情判決後も立法府が対応をしない場合における判例法理の展開

(1)　以上のような前提問題を踏まえて、本論に入ることとしたい。

前記のとおり、定数訴訟は、最高裁が昭和五一年大法廷判決により創設した訴訟類型であり、公職選挙法二〇四条の規定を借用した客観訴訟である。したがって、この訴訟は、他の選挙無効訴訟と同様に形成訴訟であり、違法無効事由が存在する場合には当該選挙を無効とするものであって、違法であることの確認に止まる確認訴訟ではない。そうすると、どのような場合に当該選挙が無効となるのかについて、理論的に説明ができなければ、判例法理としては不完全なものといえよう。

(2) 従前は、選挙無効とするまでに至らなかったので、事情判決に止めており、それ以上に、無効となる場合の理論的な説明をする必要が現実的にはなかったため、定数訴訟の形成訴訟として判例法理の全体を示さなかった。

しかしながら、較差の是正を巡って、司法部と立法府との間のキャッチボールが続き、立法府の投げ返すボールが司法部の判断を全く顧慮しないもので事情判決のみが繰り返されるような異常な事態になれば、遂に選挙無効とする判決がされる可能性が生ずるが、その場合、どのような判例法理により選挙無効を宣言するのかを検討しておくことは、立法府に対してボールを投げ返し続けている司法部の責務でもあろう。

(3) 大きな投票価値の較差が放置され、最高裁による事情判決がされても、立法府が判決を無視し、それに対する真摯な対応をしようとせず、国会の立法権の行使による適正な是正措置が到底期待できない状況が生ずるということは、通常は想定し難いところである。しかし、司法部が判例法理により創設した定数訴訟は、司法部と立法府との権限の分配という基本的な憲法理念を踏まえた訴訟制度であり、仮に、立法府が、違憲状態の選挙制度（投票価値の較差）を長期間にわたり放置する蓋然性が極めて高いという深刻な状況が認められる場合には、立法府により司法部の権限が無視されていることになるのであるから、司法権と立法権との権限の均衡が損なわれることになり、それ自体が憲法の所期しない異常な状態である。

このように、容易には想定し難い状態が現実に生じたときには、もはや憲法秩序が機能しなくなっていると評価せざるを得ず、憲法上許容されない投票価値の不平等状態が放置されたまま、民意を適正に反映できない選挙制度により参政権を行使するしかないという状態が長期間継続するという不利益・不都合は、対象となる選挙の効力を否定することによる様々な政治的な混乱が生ずることによる不利益・不都合をも凌駕するものとされる余地が生ずることになろう。

そうなると、司法部としては、判例法理に従い、形成訴訟としての性質からして、選挙無効を宣言することの可否、無効判決の要件、効果等について、理論的な組立てを検討せざるを得ないことになる。

(4)　このことは、文字どおり、憲法秩序の異常事態であり、その可能性が今日現実化しているというわけではない。しかしながら、事情判決は違憲の既成事実の事後追認であるとする批判や、事情判決の法理を「一般的な法の基本原則」として広くかつ安易に使用しているとして、この法理の適用に否定的な見解を採る立場もあり（例えば、和田英夫〔元明治大学教授〕「衆議院議員定数違憲判決とその問題点」判例時報八一一号（一九七六年）三頁）、この指摘は必ずしも司法部として賛成できるものではないとしても、立法府による然るべき対応が期待できない場合であっても、最後まで事情判決の法理で対処し続けることで足りるというわけにはいかないのである。そうなると、司法部としては、判例が創り出した定数訴訟がどのような場合に選挙無効の形成効を生じさせることになるのかを、どこかの時点で、判例法理として完結させておくことが必要であると考える。

## 三 判例法理としての定数訴訟の全体像の構築――私の試論

以下は、判例法理の完成を試みた私の試論である。

### 1 事情判決の意味

選挙無効判決をする場合の法理を検討する際には、改めて、事情判決の意味、限界と、選挙を無効とする場合の隘路等を確認しておく必要があろう。

これまで、最高裁は、昭和五一年及び同六〇年各大法廷判決において、議員定数配分規定が違憲であると判断しながら、当該選挙を無効とせず、いわゆる事情判決の法理により、主文において当該選挙の違法を宣言するに止めているが、その点について、昭和五一年大法廷判決は、次のように説明している。

『……選挙無効の判決によつて得られる結果は、当該選挙区の選出議員がいなくなるというだけであつて、真に憲法に適合する選挙が実現するためには、公選法自体の改正にまたなければならないことに変わりはなく、更に、全国の選挙について同様の訴訟が提起され選挙無効の判決によつてさきに指摘したのとほぼ同様の不当な結果を生ずることもありうるのである。また、仮に一部の選挙区の選挙のみが無効とされるにとどまつた場合でも、もともと同じ憲法違反の瑕疵を有する選挙について、そのあるものは無効とされ、他のものはそのまま有効として残り、しかも、右公選法の改正を含むその後の衆議院の活動が、選挙を無効とされた選挙区からの選出議員を得ることができないままの異常な状態の下で、行わざるをえないこととなるのであつて、このような結果は、憲法上決して望ましい姿ではなく、また、その所期するところでもないというべきである。それ故、公選法の定める選挙無効の訴訟において同法の議員定数配分規定の違憲を主張して選挙の効力を争うことを許した場合においても、右の違憲の主張が肯認されるときは常に当該選挙を無効とすべきものかどうかについては、更に検討を加える必要があるのである。

そこで考えるのに、行政処分の適否を争う訴訟についての一般法である行政事件訴訟法は、三一条一項前段において、当該処分が違法であつても、これを取り消すことにより公の利益に著しい障害を生ずる場合においては、諸般の事情に照らして右処分を取り消すことが公共の福祉に適合しないと認められる限り、裁判所においてこれを取り消さないことができることを定めている。

この規定は法政策的考慮に基づいて定められたものではあるが、しかしそこには、行政処分の取消の場合に限られない一般的な法の基本原則に基づくものとして理解すべき要素も含まれていると考えられるのである。もつとも、行政事件訴訟法の右規定は、公選法の選挙の効力に関する訴訟についてはその準用を排除されているが（公選法二一九条）、これは、同法の規定に違反する選挙はこれを無効とすることが常に公共の利益に適合するとの立法府の判断に基づくものであるから、選挙が同法の規定に違反する場合に関する限りは、右の立法府の判断が拘束力を有し、選挙無効の原因が存在するにもかかわらず諸般の事情を考慮して選挙を無効としない旨の判決をする余地はない。しかしながら、本件のように、選挙が憲法に違反する公選法に基づいて行われたという一般性をもつ瑕疵を帯び、その是正が法律の改正なくしては不可能である場合については、単なる公選法違反の個別的瑕疵を帯びるにすぎず、かつ、直ちに再選挙を行うことが可能な場合についてされた前記の立法府の判断は、必ずしも拘束力を有するものとすべきではなく、前記行政事件訴訟法の規定に含まれる法の基本原則の適用により、選挙を無効とすることによる不当な結果を回避する裁判をする余地もありうるものと解するのが、相当である。もとより、明文の規定がないのに安易にこのような法理を適用することは許されず、殊に憲法違反という重大な瑕疵を有する行為については、憲法九八条一項の法意に照らしても、一般にその効力を維持すべきものではないが、しかし、このような行為についても、高次の法的見地から、右の法理を適用すべき場合がないとはいいきれないのである。

そこで本件について考えてみるのに、本件選挙が憲法に違反する議員定数配分規定に基づいて行われたものであることは上記のとおりであるが、そのことを理由としてこれを無効とする判決をしても、これによつて直ちに違憲状態が是正されるわけではなく、かえつて憲法の所期するところに必ずしも適合しない結果を生ずることは、さきに述べたとおりである。これらの事情等を考慮するときは、本件においては、前記の法理にしたがい、本件選挙は憲法に違反する議員定数配分規定に基づいて行われた点において違法である旨を判示するにとどめ、選挙自体はこれを無効としないこととするのが、相当であり、そしてまた、このような場合においては、選挙を無効とする旨の判決を求める請求を棄却するとともに、当該選挙が違法である旨を主文で宣言するのが、相当である。』

## 2　選挙を無効とすることの隘路

昭和五一年大法廷判決の示す、選挙を無効とすることの隘路ないし選挙を無効としない理由は、次のようなものであろう。

① 選挙無効の判決により当該選挙区の選出議員がいなくなり、これが全選挙区に訴訟提起がされると、そもそも選出議員が存在しないという憲法上所期しない異常な事態となる。

② 一部の選挙区だけで定数訴訟が提起された場合でも、選挙無効とされた選挙区の再選挙が可能かどうかは、疑問である。

すなわち、通常の公職選挙法二〇四条所定の選挙無効訴訟（定数訴訟ではない一般の選挙無効訴訟）では、手続の遵守がされなかったため違法・無効とされたとしても、改めて手続を遵守することにより適正な再選挙は容易に実施できる。しかしながら、定数訴訟においては、定数配分規定自体が違憲・無効とされるのであって、そもそも遵守すべき手続・制度が存在せず、真に憲法に適合する選挙が実現されるためには、定数配分規定を改めるための公職選挙法自体の改正が必要になる。

③ その場合、定数訴訟を提起された選挙区の選挙のみが無効とされる場合には、定数訴訟を提起されていない他の選挙区の選挙は有効のままであり（定数配分規定が客観的には違憲無効と評価されるものであっても、当該選挙区の選挙を無効とするには、そこでも定数訴訟を提起して勝訴し、裁判によって無効の形成効を生じさせなければならない。）、無効とされた選挙区からの選出議員がいないという異常状態で、他の選挙区の議員のみで公職選挙法の改正作業を行うことになるが、これは憲法が所期するところではない。仮に、全選挙区で定数訴訟が提起され全選挙が無効となれば、そもそも、衆議院議員が存在せず、公職選挙法の改正自体ができない事態が生ずる（＊）。

＊ なお、再選挙の実施を可能とするため、様々なアイデアが提案されているが、いずれも、採用することは困難である。

(1)　例えば、全体として不可分一体の選挙区割規定の改正ではなく、無効とされた当該選挙区の再選挙を行うためだけに、当該選挙区の選挙区割りのみを変更して投票価値の較差を解消するための部分的で臨時的な特別立法を制定し、それを基に実施するという見解がある（もっとも、立法府が機能不全に陥り、較差是正のための公職選挙法の改正が全く見通せない状況において、このような臨時的な特別立法であっても、それが速やかに成立させられる可能性があるかは、大いに疑問であろう。この点を措くとしても、以下のような隘路がある。）。

しかし、①投票価値が小さすぎる選挙区については、臨時に、当該都道府県に割り振られた選挙区の数を増やす特別法により較差の解消を図ることになるが、中選挙区制の時代であれば格別、現行の小選挙区制の下では、増加した選挙区割り数を基に当該選挙区を含む都道府県内での選挙区割りの範囲の変更が必要となる。そうすると、当該都道府県内で、無効とされていない選挙区の一部を含んだ区割り変更を行えば、有権者の中には二度選挙権を行使する結果となる場合が生ずる（旧来と変更後との二か所の選挙区で選挙することができる。）事態が生ずる。

また、②投票価値が大きすぎる選挙区については、当該都道府県内での選挙区数を減少させるための特別立法が必要となるが（例えば、選挙区数を三から二に減少させる。）、これは、都道府県内で選挙無効とされていないため現状で当選となっている他の選挙区の議員の身分を奪うことに繋がるため、部分的で臨時的な特別立法としてであっても、その成立は容易ではない。

さらに、③このような当該都道府県内の選挙区だけを対象に、選挙区数の増減を行おうとしても、投票価値の較差は、全国の選挙区でみるため、全国で投票価値が最小の選挙区の数値を基準にした較差是正であれば、他の都道府県の選挙区割りも対応することになり、結局、衆議院議員の総定数を大幅に増やすという特別法となり、到底国民の理解は得られない。他方、投票価値が最大の選挙区の数値を基準にするのであれば、大幅な定数の減少となるし、また、平均値を基準にしたところで、結局、多くの選挙区割りの変更が必要になって、再選挙のためだけであったとしても、改正の実現は容易ではない。

そもそも、①及び②のいずれの方法も、全選挙区で定数訴訟が提起される場合には、すべての選挙区での選挙が無効となり、国会議員がすべて不存在となるので、結局この方法は実行不可能である。

(2) 以上のように、再選挙の実施は、非現実的である。それに対しては、選挙区割り（定数配分規定）が不可分一体であるとして全選挙区における投票価値の最大と最小を比較した最大較差を問題としたこれまでの最高裁大法廷判決の法理を変更し、これを選挙区ごとに可分なものとし、また、定数訴訟を客観訴訟ではなく主観訴訟と捉え、投票価値が平均値から乖離して小さい選挙区のみが選挙無効訴訟（定数訴訟）の対象となり、そこでの選挙権者のみが自己の選挙権の侵害を理由にこの訴訟を提起できるものとすれば、当該選挙区における較差解消は部分的な手当による対応で足り、再選挙が可能であるとする見解も見られる。

しかしながら、定数訴訟は、司法部が立法府に対し、最高裁大法廷の判例が示した法理によって、憲法の保障する投票価値の平等を確保するために創設したものであり、これまで、立法府としてもそれに従った真摯なキャッチボールを長年に亘り繰り返してきたものである。再選挙を実施し得るようにするだけのために、司法部が従前からの最高裁大法廷が示し続けてきた判例法理を、この期に及んで、都合が悪いという理由で大きく変容させることは、司法部としての権威、信頼性を損ない、司法権の行使の安定性を大きく損なうものであって、到底採用することのできないものであろう。

## 3　猶予期間付き無効判決

そこで、定数訴訟で選挙無効を宣言する場合、即座に効力を生じない猶予期間付き無効判決を出せば良いという説が提案されている。例えば、最高裁が、一年間の猶予期間を与えることとし、主文においては選挙を無効とするがその効力は例えば一年後に生ずることとした上、それまでに較差是正の公職選挙法の改正法を成立させ、選挙無効の効力発生後に、速やかにそれに従って再選挙を行うべきものとするのである。このことは、従前からも既に採り得る方策として考えられているところである（例えば、最高裁昭和六〇年七月一七日大法廷判決・民集三九巻五号一一〇〇頁における四裁判官の補足意見参照）。

問題は、その先にあり、司法部の権限を無視するような憲法秩序上異常な事態が生じている状況下では、猶予期間を与えたとしても較差を是正する改正法の成立が成し得ない場合も想定しなければならない。

したがって、そのような場合にも、再選挙実施のためにさらにどのような打開策が考えられるかをも、判例法理として予め検討しておく必要がある。

## 4 司法部の「立法的措置」

最高裁が事情判決をした後も立法府がこれに対応する立法措置を怠るという異常な事態は、憲法の定める司法部の違憲立法審査権が立法府によって完全に無視ないし否定されたというべきであって、憲法上、三権の分立、相互の均衡関係が失われるという憲法上の危機的な事態である。また、立法府としても、違憲であることが明らかな定数配分規定（選挙区割規定）を改めるための立法的措置を適宜の時期に執ることができず（あるいは、執ることをせず）、その意味で、立法府が憲法上認められている本来の権限行使ができない機能不全に陥っており、それを自ら回復することができない状態にあることが明白であるといえる。そのような事態に至った場合、立法府の機能不全を回復できる方策は、もはや司法部の権限行使による対応しかなくなっているといえよう。

そうすると、司法部は、憲法秩序を回復するために、立法府に代わり、必要最小限度ではあるが法規定立の権限行使を行うことが期待されているのであって、必要な立法的対応をとることが認められるべきである。これも、三権の抑制・均衡を図るために司法部に認められている、立法府に対するチェック機能を果たす違憲立法審査権に本来的に内在するものであって、憲法秩序回復のための緊急避難ないし応急措置ともいうべきものであろう。

## 5　司法部による定数配分規定の呈示と再選挙実施命令

(1)　選挙無効の判決を言い渡す際には、具体的には、まず、中間判決（民事訴訟法二四五条）として、主文において、次のような判断を示すことになる。

選挙無効の効力発生時期について一定の猶予期間（例えば一年間）を与え、その期間が過ぎてもなお判決の趣旨に沿った公職選挙法改正法が成立していないと最高裁が判断する場合には、その時点で、最高裁が、人口比例の原則を適用し、定数配分規定（選挙区割規定）を自ら呈示して、それに従った再選挙を所定の期間以内に実施することを関係機関に命ずる（再選挙実施命令）ことになる旨を予告するというものである。

そして、猶予期間が終了した時点で、当該訴訟において、改めて口頭弁論を開いた上でその間の立法府の対応を評価することになるが、なお適切な較差是正措置がされていないと判断する場合には、終局判決の主文において、このような再選挙実施命令を発するということになろう。

(2)　ここで裁判所が定める具体的な選挙区割りは、立法府が適切な対応をしない場合の補充的な措置であるが、実質的には、応急措置として、現行の小選挙区制の下で公職選挙法の定める選挙区割りの改正の性質を有するものである。

そこでは、まず、人口比例原則・最大剰余方式により都道府県ごとの選挙区の総数を定めることとなる。次に、現行制度であれば、それを基に都道府県内での選挙区割りを行う段取りになるが、これは地域の実情等を踏まえた行政的裁量判断が必要になり、司法部が行うべき性質のものとはいえない。現行法でも衆議院議員選挙区画定審議会設置法に基づいて、選挙区画定審議会が、一定の方式に基づき具体的な地理的社会的諸事情を踏まえて、裁量により行っている、行政的な性質のものである。司法部としては、再選挙を行うための限度での対応で足りるので、人口比例原則に基づき都道府県ごとの選挙区の総数を定めた後は、当該無効とした選挙の選挙区割りが属する都道府県を全体として一つの選挙区として、割り振られた選挙区数をその選挙区における議員定数として選挙を行うべきことを関係機関に命ずるという再選挙実施命令を発出することになろう。すなわち、当該選挙を無効とする終局判決は、再選挙実施命令の形成効によって、当該選挙のみでなく、当該都道府県内で行われた他の選挙をも無効とする一種の対世効（無効判決の形成効を拡張したもの）をも有するとすべきである。

この点につき、藤田宙靖『裁判と法律学』（有斐閣・二〇一六年）二〇六頁は、定数訴訟においては、「選挙無効判決の対世効を、訴訟の対象となった選挙区の選挙を越えて広く他の選挙区の選挙に及ぶものと考えることにも、それなりに合理的な理由がある（あるいは少なくとも再度検討する余地がある）と言えるのではないでしょうか。」と指摘しておられる。これは、重要な指摘であり、定数訴訟の特質を踏まえた立論であって、そこでは、各都道府県の範囲を越え、全国の他の全選挙区の選挙を念頭に置いた指摘かとも思われる。私は、全国の選挙の点は別にして、選挙区割りが各都道府県単位でされることから、都道府県内の選挙区割りは相互に密接不可分で、しかも、一つの選挙区割りのみを取り出して区割り範囲等の変更をすることはできないので、当該都道府県内で、選挙無効訴訟の対象外であった他の選挙区の選挙について、これも、再選挙実施命令の段階に及んだ場合には、命令の効果として無効の形成効を生じさせるべきであると考える。

(3)　この緊急措置は、米国における先例に倣ったものである。すなわち、ウォーレン・コート時代、米国連邦最高裁判所が下院議員の選挙につき、全体の議員定数について、各州に人口比例で計算して機械的に割り当てた上、これを州議会が州内の選挙区に再配分する際、憲法上許容できない投票価値の不平等状態が生じており、それを速やかに是正する措置が講じられない場合に、期間を区切って州議会による是正を促し、それに対応しない場合には、連邦最高裁判所が自ら暫定的な人口比例原則による定数配分を決めて、その実施を命ずる方針を判示した例がある。

(4)　この先例に倣うことについては、米国はいわゆる判例法の国であり、衡平法（エクイティー）の法理から司法部に一定程度の立法的対応をする権限が認められているのとは異なり、立法権を有しない我が国の司法部においてもそれが可能なのかが一応問われるところではある。しかしながら、前述の措置は、我が国においては、衡平法の法理ではなく、三権の抑制・均衡という憲法上の基本原理の重要な柱ともいうべき違憲立法審査権に本来内在する、最小限度の憲法秩序回復のための究極の権限行使であり、立法府が機能不全に陥ったという極めて例外的な場合に限って認められているものと解される。

この点は、嫡出でない子の相続分に関する規定が不平等で違憲・無効であるとした平成二五年九月四日大法廷決定（民集六七巻六号一三二〇頁）における私の補足意見で、違憲立法審査権の性質上、国会が改正法の施行時期を附則で定めるのと同様の立法的な権限が当然に認められるべきであることに触れているが（この点は、本書Ⅲ（七七頁以下）の【法令違憲の大法廷決定の遡及効を制限する法理】の項を参照）、これは、違憲立法審査権は法令の憲法適合性を審査し、憲法秩序を回復するために必要な範囲での法規定立の権能を本来的に内在している旨を述べたものであるところ、今回のこの対応もそれと同じ性質のものである。

## 6　おわりに

以上は、定数訴訟における判例法理の全体を完結させ、その行き着く先を示すものである。このような判例法理が用いられるのは、違憲無効判決をせざるを得ないという極めて例外的な状況においてであり、この法理の掲げる処理を行うのは、正に、憲法秩序が損なわれているとみられるような極端な場合に限られるであろう。

これまでの立法府による投票価値較差の是正のために行われた選挙制度の改正、公職選挙法改正法の成立までの経緯等を見ると、司法部と立法府との間に、共通の方向性を堅持しながら是正措置を執る努力が重ねられてきており、私が述べるような有意なキャッチボールが続いているとみるべきである。その意味で、立法府のこれまでの対応は、前述の極めて例外的な状況にあるとはいえないものであることを付言しておきたい。

# Ⅱ　猿払事件大法廷判決を乗り越えた先の世界
## ——二つの第二小法廷判決が語る司法部の立ち位置

### 1　はじめに

(1)　平成二四年一二月七日に私が裁判長として最高裁第二小法廷が宣告した二つの刑事事件判決（いわゆる堀越事件判決・最二小判平成二四年一二月七日・刑集六六巻一二号一三三七頁、及び世田谷事件判決・最二小判平成二四年一二月七日・刑集六六巻一二号一七二二頁）においては、国家公務員の政治活動を禁止して刑罰の対象とした国家公務員法と人事院規則一四—七（政治的行為）の規定（本件罰則規定。違反の場合には三年以下の懲役又は百万円以下の罰金を科すもの）の適用が問題となり、その際、当該法令が表現の自由を定める憲法二一条一項や法定手続の保障を定める憲法三一条との憲法適合性が争点となった。

堀越事件は、厚生労働省の事務官が衆議院議員選挙に際し休日に政党の機関紙等を配布した行為が問題とされ、世田谷事件は、同じく、厚生労働省の本省の管理職である総括課長補佐が警視庁の職員住宅に政党の機関紙を配布した行為が問題とされた。

(2) この憲法上の論点に関する過去の先例としては、いわゆる猿払事件大法廷判決（昭和四九年一一月六日・刑集二八巻九号三九三頁）があるが、この大法廷判決は、本件罰則規定について、政治的行為を禁止する目的は行政の中立的運営に対する国民の信頼が損なわれるため禁止したものであるとし、憲法適合性については、その目的と禁止される政治的行為とに合理的関連性があるかどうかを審査すべきであるとした上、これを認めて合憲と判断しており、最近までこの論点に関する先例としての地位を保持してきていた著名判例である。

問題は、今日においても、このような精神的自由を規制する法令の合憲性審査が、猿払事件大法廷判決のような「合理的関連性」の有無を基準にすることでよいのかどうかである。

(3) 本章で取り上げる前記二件の第二小法廷判決は、猿払事件大法廷判決後である昭和五〇年以降積み上げられてきた最高裁判例の合憲性審査の基準、すなわち精神的自由の重要性に鑑み、これを規制することにより得られる利益と失われる利益とを比較衡量ないし利益衡量して、前者が大きい場合でなければ憲法適合性は認められないという判断枠組みにより判断すべきであるとし、その利益衡量が恣意的にならないための基準として、いわゆる「厳格な基準」を用いて審査している。具体的には、本件罰則規定について、政治的行為の禁止は、公務員の職務の遂行の政治的中立性を損なうおそれが、実質的に認められるものを禁止の対象にしたものと解されるとした上、規制目的は正当であり、その制限も必要かつやむを得ない限度に止まっており、その目的を達成するために必要かつ合理的な範囲のものであるとして、憲法二一条等に違反しないとした。そして、本件罰則規定の適用に関しては、堀越事件については、前記のおそれが実質的に認められないとして、無罪としていた控訴審判決を結論において相当とし、世田谷事件については、逆にこれが認められるとして、有罪としていた控訴審判決を維持した。

(4)　この二つの第二小法廷判決については、いずれも私の補足意見が付されている。それは猿払事件大法廷判決とはいささか異なる合憲性審査の基準を今回採用したことに関し付言を加えたものであるが、これらに対し多くの憲法学者の方々から様々な御指摘をいただいた。そのいずれもが我が国司法部にとって違憲立法審査権の行使のあり方に直結するものであり、司法部の立ち位置に関わる重要なテーマでもある。ここでは、指摘された点のうち二つの論点(これらは、いずれも、合憲性審査基準と先例の処理や法令解釈と合憲性審査の関係といった司法部の立ち位置に関係するテーマである。)について、以下「論点①」及び「論点②」として、その後の私の考え等を更に敷衍しておきたいと考える。

## 2　私の補足意見

堀越事件と世田谷事件は、前記のとおり、いずれも上告棄却で処理されたが、それぞれの公務員の政治的行為(政党の機関誌の配布行為)につき、行為者の地位や配布行為の対応等の相違から評価が分かれ、前者が構成要件該当性を否定して無罪として確定し、後者は、これを肯定し有罪として確定した。両判決には、私が、合憲性審査の基準・手法等に関してやや詳しい補足意見を付加しているが、堀越事件において、合憲性審査の方法について控訴審との考えの違いを付言したほかは、内容は同一である。ここでは、堀越事件の補足意見を引用紹介し、司法部による合憲性審査のあり方等について考えてみたい。

『私は、多数意見の採る法解釈等に関し、以下の点について、私見を補足しておきたい。

1　最高裁昭和四九年一一月六日大法廷判決・刑集二八巻九号三九三頁（いわゆる猿払事件大法廷判決）との整合性について

(1)　猿払事件大法廷判決の法令解釈の理解等

猿払事件大法廷判決は、国家公務員の政治的行為に関し本件罰則規定の合憲性と適用の有無を判示した直接の先例となるものである。そこでは、特定の政党を支持する政治的目的を有する文書の掲示又は配布をしたという行為について、本件罰則規定に違反し、これに刑罰を適用することは、たとえその掲示又は配布が、非管理職の現業公務員でその職務内容が機械的労務の提供にとどまるものにより、勤務時間外に、国の施設を利用することなく、職務を利用せず又はその公正を害する意図なく、かつ、労働組合活動の一環として行われた場合であっても憲法に違反しない、としており、本件罰則規定の禁止する「政治的行為」に限定を付さないという法令解釈を示しているようにも読めなくはない。しかしながら、判決による司法判断は、全て具体的な事実を前提にしてそれに法を適用して事件を処理するために、更にはそれに必要な限度で法令解釈を展開するものであり、常に採用する法理論ないし解釈の全体像を示しているとは限らない。上記の政治的行為に関する判示部分も、飽くまでも当該事案を前提とするものである。すなわち、当該事案は、郵便局に勤務する管理職の地位にはない郵政事務官で、地区労働組合協議会事務局長を務めていた者が、衆議院議員選挙に際し、協議会の機関決定に従い、協議会を支持基盤とする特定政党を支持する目的をもって、同党公認候補者の選挙用ポスター六枚を自ら公営掲示場に掲示し、また、その頃四回にわたり合計一八四枚のポスターの掲示を他に依頼して配布したというものである。このような行為の性質・態様等については、勤務時間外に国の施設を利用せずに行われた行為が中心であるとはいえ、当該公務員の所属組織による活動の一環として当該組織の機関決定に基づいて行われ、当該地区において公務員が特定の政党の候補者の当選に向けて積極的に支援する行為であることが外形上一般人にも容易に認識されるものであるから、当該公務員の地位・権限や職務内容、勤務時間の内外を問うまでもなく、実質的にみて「公務員の職務の遂行の中立性を損なうおそれがある行為」であると認められるものである。このような事案の特殊性を前提にすれば、当該ポスター掲示等の行為が本件罰則規定の禁止する政治的行為に該当することが明らかであるから、上記のような「おそれ」

の有無等を特に吟味するまでもなく（「おそれ」は当然認められるとして）政治的行為該当性を肯定したものとみることができる。猿払事件大法廷判決を登載した最高裁判所刑集二八巻九号三九三頁の判決要旨五においても、「本件の文書の掲示又は配布（判文参照）に」本件罰則規定を適用することは憲法二一条、三一条に違反しない、とまとめられているが、これは、判決が摘示した具体的な本件文書の掲示又は配布行為を対象にしており、当該事案を前提にした事例判断であることが明確にされているところである。そうすると、猿払事件大法廷判決の上記判示は、本件罰則規定自体の抽象的な法令解釈について述べたものではなく、当該事案に対する具体的な当てはめを述べたものであり、本件とは事案が異なる事件についてのものであって、本件罰則規定の法令解釈において本件多数意見と猿払事件大法廷判決の判示とが矛盾・抵触するようなものではないというべきである。

(2)　猿払事件大法廷判決の合憲性審査基準の評価

なお、猿払事件大法廷判決は、本件罰則規定の合憲性の審査において、公務員の職種・職務権限、勤務時間の内外、国の施設の利用の有無等を区別せずその政治的行為を規制することについて、規制目的と手段との合理的関連性を認めることができるなどとしてその合憲性を肯定できるとしている。この判示部分の評価については、いわゆる表現の自由の優越的地位を前提とし、当該政治的行為によりいかなる弊害が生ずるかを利益較量するという「厳格な合憲性の審査基準」ではなく、より緩やかな「合理的関連性の基準」によったものであると説くものもある。しかしながら、近年の最高裁大法廷の判例においては、基本的人権を規制する規定等の合憲性を審査するに当たっては、多くの場合、それを明示するかどうかは別にして、一定の利益を確保しようとする目的のために制限が必要とされる程度と、制限される自由の内容及び性質、これに加えられる具体的制限の態様及び程度等を具体的に比較衡量するという「利益較量」の判断手法を採ってきており、その際の判断指標として、事案に応じて一定の厳格な基準（明白かつ現在の危険の原則、不明確ゆえに無効の原則、必要最小限度の原則、ＬＲＡの原則、目的・手段における必要かつ合理性の原則など）ないしはその精神を併せ考慮したものがみられる。もっとも、厳格な基準の活用については、アプリオリに、表現の自由の規制措置の合憲性の審査基準としてこれらの全部ないし一部が適用される旨を一般的に宣言するようなことをしないのはもちろん、例えば、「ＬＲＡ」の原則などといった講学上の用語をそのまま用いることも少ない。また、これらの厳格な基準のどれを採用するかについては、規制される人権の性質、規制措置の内容及び態様等の具体的な事案に応じて、その処理に必要なものを適宜選択して適用するという態度を採っており、さらに、適用された厳格な基準の内容についても、事案に応じて、その内容を変容させあるいはその精神を反映させる限度にとどめるなどしており（例えば、最高裁昭和五八年六月二二日大法廷判決・民集三七巻五号七九三頁（「よど号乗っ取り事件」新聞記事抹消事件）は、「明白かつ現在の危険」の原則そのものではなく、その基本精神を考慮して、障害発生につき「相当の蓋然性」の限度でこれを要求する判示をしている。）、基準を定立して自らこれに縛られることなく、柔軟に対処しているのである（この点の詳細については、最高裁平成四年七月一日大法廷判決・民集四六巻五号四三七頁（いわゆる成田新法事件）についての当職〔当時は最高裁調査官〕の最高裁判例解説民事篇・平成四年度二三五頁以下参照。）。

この見解を踏まえると、猿払事件大法廷判決の上記判示は、当該事案については、公務員組織が党派性を持つに至り、それにより公務員の職務遂行の政治的中立性が損なわれるおそれがあり、これを対象とする本件罰則規定による禁止は、あえて厳格な審査基準を持ち出すまでもなく、その政治的中立性の確保という目的との間に合理的関連性がある以上、必要かつ合理的なものであり合憲であることは明らかであることから、当該事案における当該行為の性質・態様等に即して必要な限度での合憲の理由を説示したにとどめたものと解することができる（なお、判文中には、政治的行為を禁止することにより得られる利益と禁止されることにより失われる利益との均衡を検討することを要するといった利益較量論的な説示や、政治的行為の禁止が表現の自由に対する合理的でやむを得ない制限であると解されるといった説示も見られるなど、厳格な審査基準の採用をうかがわせるものがある。）。ちなみに、最高裁平成一〇年一二月一日大法廷決定・民集五二巻九号一七六一頁（裁判官分限事件）も、裁判所法五二条一号の「積極的に政治運動をすること」の意味を十分に限定解釈した上で合憲性の審査をしており、厳格な基準によりそれを肯定したものというべきであるが、判文上は、その目的と禁止との間に合理的関連性があると説示するにとどめている。これも、それで足りることから同様の説示をしたものであろう。

そうであれば、本件多数意見の判断の枠組み・合憲性の審査基準と猿払事件大法廷判決のそれとは、やはり矛盾・抵触するものでないというべきである。

2　本件罰則規定の限定解釈の意義等

本件罰則規定をみると、当該規定の文言に該当する国家公務員の政治的行為を文理上は限定することなく禁止する内容となっている。本件多数意見は、ここでいう「政治的行為」とは、当該規定の文言に該当する政治的行為であって、公務員の職務の遂行の政治的中立性を損なうおそれが、現実的に起こり得るものとして実質的に認められるものを指すという限定を付した解釈を示した。これは、いわゆる合憲限定解釈の手法、すなわち規定の文理のままでは規制範囲が広すぎ、合憲性審査におけるいわゆる「厳格な基準」によれば必要最小限度を超えており、利益較量の結果違憲の疑いがあるため、その範囲を限定した上で結論として合憲とする手法を採用したというものではない。

そもそも、規制される政治的行為の範囲が広範であるため、これを合憲性が肯定され得るように限定するとしても、その仕方については、様々な内容のものが考えられる。これを、多数意見のような限定の仕方もあるが、そうではなく、より類型的に、「いわゆる管理職の地位を利用する形で行う政治的行為」と限定したり、「勤務時間中、国の施設を利用して行う行為」と限定したり、あるいは、「一定の組織の政治的な運動方針に賛同し、組織の一員としてそれに積極的に参加する形で行う政治的行為」と限定するなど、事柄の性質上様々な限定が考え得るところであろう。しかし、司法部としては、これらのうちどのような限定が適当なのかは基準が明らかでなく判断し難いところであり、また、可能な複数の限定の中から特定の限定を選び出すこと自体、一種の立法的作用であって、立法府の裁量、権限を侵害する面も生じかねない。加えて、次のような問題もある。

国家公務員法は、専ら憲法七三条四号にいう官吏に関する事務を掌理する基準を定めるものであり（国家公務員法一条二項）、我が国の国家組織、統治機構を定める憲法の規定を踏まえ、その国家機構の担い手の在り方を定める基本法の一つである。本法一〇二条一項は、その中にあって、公務員の服務についての定めとして、政治的行為の禁止を規定している。このような国家組織の一部ともいえる国家公務員の服務、権利義務等をどう定めるかは、国の統治システムの在り方を決めることでもあるから、憲法の委任を受けた国権の最高機関である国会としては、国家組織全体をどのようなものにするかについての基本理念を踏まえて対処すべき事柄であって、国家公務員法が基本法の一つであるというのも、その意味においてである。

このような基本法についての合憲性審査において、その一部に憲法の趣旨にそぐわない面があり、全面的に合憲との判断をし難いと考えた場合に、司法部がそれを合憲とするために考え得る複数の限定方法から特定のものを選び出して限定解釈をすることは、全体を違憲とすることの混乱や影響の大きさを考慮してのことではあっても、やはり司法判断として異質な面があるといえよう。憲法が規定する国家の統治機構を踏まえて、その担い手である公務員の在り方について、一定の方針ないし思想を基に立法府が制定した基本法は、全体的に完結した体系として定められているものであって、服務についても、公務員が全体の奉仕者であることとの関連で、公務員の身分保障の在り方や政治的任用の有無、メリット制の適用等をも総合考慮した上での体系的な立法目的、意図の下に規制が定められているはずである。したがって、その一部だけを取り出して限定することによる悪影響や体系的な整合性の破綻の有無等について、慎重に検討する姿勢が必要とされるところである。

本件においては、司法部が基本法である国家公務員法の規定をいわばオーバールールとして合憲限定解釈するよりも前に、まず対象となっている本件罰則規定について、憲法の趣旨を十分に踏まえた上で立法府の真に意図しているところは何か、規制の目的はどこにあるか、公務員制度の体系的な理念、思想はどのようなものか、憲法の趣旨に沿った国家公務員の服務の在り方をどう考えるのか等々を踏まえて、国家公務員法自体の条文の丁寧な解釈を試みるべきであり、その作業をした上で、具体的な合憲性の有無等の審査に進むべきものである（もっとも、このことは、司法部の違憲立法審査は常にあるいは本来慎重であるべきであるということを意味するものではない。国家の基本法については、いきなり法文の文理のみを前提に大上段な合憲、違憲の判断をするのではなく、法体系的な理念を踏まえ、当該条文の趣旨、意味、意図をまずよく検討して法解釈を行うべきであるということである。）。

多数意見が、まず、本件罰則規定について、憲法の趣旨を踏まえ、行政の中立的運営を確保し、これに対する国民の信頼を維持するという規定の目的を考慮した上で、慎重な解釈を行い、それが「公務員の職務遂行の政治的中立性を損なうおそれが実質的に認められる行為」を政治的行為として禁止していると解釈したのは、このような考え方に基づくものであり、基本法についての司法判断の基本的な姿勢ともいえる。

なお、付言すると、多数意見のような解釈適用の仕方は、米国連邦最高裁のブランダイス判事が、一九三六年のアシュワンダー対テネシー渓谷開発公社事件判決において、補足意見として掲げた憲法問題回避の準則であるいわゆるブランダイス・ルールの第四準則の「最高裁は、事件が処理可能な他の根拠が提出されているならば、訴訟記録によって憲法問題が適正に提出されていても、それの判断を下さないであろう。」、あるいは、第七準則の「連邦議会の制定法の有効性が問題とされたときは、合憲性について重大な疑念が提起されている場合でも、当最高裁は、その問題が回避できる当該法律の解釈が十分に可能か否かをまず確認することが基本的な原則である。」（以上のブランダイス・ルールの内容の記載は、渋谷秀樹「憲法判断の条件」講座憲法学六・一四一頁以下による。）という考え方とは似て非なるものである。ブランダイス・ルールは、周知のとおり、その後、Rescue Army v. Municipal Court of City of Los Angeles, 331 U. S. 549（1947）の法廷意見において採用され米国連邦最高裁における判例法理となっているが、これは、司法の自己抑制の観点から憲法判断の回避の準則を定めたものである。しかし、本件の多数意見の採る限定的な解釈は、司法の自己抑制の観点からではなく、憲法判断に先立ち、国家の基本法である国家公務員法の解釈を、その文理のみによることなく、国家公務員法の構造、理念及び本件罰則規定の趣旨・目的等を総合考慮した上で行うという通常の法令解釈の手法によるものであるからである。

3　本件における本件罰則規定の構成要件該当性の処理

本件配布行為は、本件罰則規定に関する上記の法令解釈によれば、公務員の職務の遂行の政治的中立性を損なうおそれが実質的に認められない以上、それだけで構成要件該当性が否定される。この点について、原審は、本件配布行為の内容等に鑑みて、本件罰則規定を適用することが違憲となるとして、被告人を無罪とすべきであるとしている。これは、本件のような政治的行為についてまで、刑罰による規制を及ぼすことの問題を考慮した上での判断であり、実質的には、本件の多数意見と同様に、当該公務員の職務の遂行の政治的中立性に与える影響が小さいことを実質的な根拠としていると解され、その苦心は理解できるところではある。しかしながら、表現の自由の規制立法の合憲性審査に際し、このような適用違憲の手法を採用することは、個々の事案や判断主体によって、違憲、合憲の結論が変わり得るものであるため、その規制範囲が曖昧となり、恣意的な適用のおそれも生じかねず、この手法では表現の自由に対する威嚇効果がなお大きく残ることになろう。個々の事案ごとの政治的行為の個別的な評価を超えて、本件罰則規定の一般的な法令解釈を行った上で、その構成要件該当性を否定することが必要であると考えるゆえんである。』

### 3　論点①：堀越事件判決は、猿払事件大法廷判決を実質的に変更しているので、大法廷で明確に判例変更すべきであったのではないか？

前記二つの最高裁第二小法廷判決は、猿払事件大法廷判決を事例判例として捉え、大法廷による判例変更を行わなかったが、この点については、猿払事件大法廷判決の示した法理を軽視しあえて矮小化するものである等とする批判も見られる。

この問題は、最高裁判例の性格・機能をどう考えるか、さらには、我が国司法部の違憲立法審査権のあり方や司法部の立ち位置という後記論点②で述べるところとも関係するところであり、以下、(1)判例法理の射程の範囲、(2)猿払事件大法廷判決の判決要旨とその位置付け等について、若干の説明を加えておきたい。

### (1)　判例法理の射程の範囲

ア　私の最高裁判事在任中の約六年八か月間に処理した民事、行政、刑事事件等は合計で二万件に及び、その中では実質的に違憲審査を行った事件も少なくない。そこでは、事件の大小を問わず、一つ一つの事件において、当事者の様々な思いや法的主張、当該事案の具体的な事実関係を捉え、関連する法律等の詳細な内容や憲法の規定の趣旨等を見て、どのような解決が正義にかなうのか、といった当該事案に関係するいわばミクロ的な事項についての綿密な検討を行ったが、そのほか、最高裁としての具体的な事件処理の結果等は、我が国の政治・社会・経済全体に様々な影響を与えることから、今日我が国社会が抱える諸課題を克服するための方向性にどのような影響を与え、将来の国のあり方とどう関係してくるのかを推測し、さらには、このテーマに関する世界各国のグローバルな動きとその評価をも探るという、いわば事案を少し離れたマクロ的な事項をも考えさせられることが多かった。そこでは、常にトンボの眼のようにミクロ的な世界からマクロ的な展望までをキョロキョロと見渡す必要があったのである。すなわち、加害者側や被害者側それぞれの立場の理屈や思い等々を見据えながら、また、関連する事案の具体的な内容を丁寧に把握するなど実証的な検討を続けながら、当該事案において、あるいはこのテーマに関わる今後の社会全体の展開を想起しながら、救われるべき者、守るべき法的利益は何かを探し出す愚直な作業の連続でもあった。

これらは、もちろん、憲法判断に関する場合のみではなく、すべての事件の処理において当てはまる事情であり、また、最高裁として、処理結果を判例として残すべきか、どのような判例にすべきかも、常に検討されるところである。この点は、下級裁判所を含む全裁判官において、共通認識とされているところであろう。

イ　このような検討作業をした上で、一定の判断枠組みを設定し、そこに具体的な事案で認定された事実関係を当てはめて結論を出すのであるが、判例を作る際には、このような判断枠組みを一般法理としてどのように判決文中に示すのかが問題となる。我々が考える判断枠組みは、ミクロ的かつマクロ的な視点からの検討によってはいるが、あくまでも当該事案の適正な処理のために示すものであり、また、基本的にはその限度で足りるものである。

これを、事案を超えた一般法理として述べることに慎重であるのは、将来同種の紛争が起こっても、これまで想定していなかった関連する事実関係や背景事情が存在し、従前の一般法理では処理し切れない事態が生じ、判例法理を内容的に一部修正することを余儀なくされ、あるいは法理自体を否定し新しい判断枠組みを呈示せざるを得ないような状況の変化等も予想されるからである。すなわち、一般法理は、それ自体で一人歩きし、下級裁判所や行政庁、個人や社会経済団体等がこれを踏まえた対応を積み上げることとなるが、その後になって新しい紛争の出現により一般法理を修正・改変することがあると、射程の長い一般法理を掲げる処理は、結果的に法的安定性を欠くこととなり、当該法理の寿命を逆に短くするということにもなって、このような事態は「判例」というものに対する信頼性を損なうことにもなりかねないからである。

例えば、「介護施設としては、常に施設内で被介護者の転倒等の事故を防止する安全配慮義務がある。」という明快な法理を打ち立てた場合、その法理は、被介護者の自損事故についても当てはまるのか、必要な人的体制下で一応の看視をしていたときにも当てはまるのか等々、具体的な事実関係によっては適用が否定される可能性が生じてくる。また、超高齢化社会の到来により要介護老人が急増し、どの施設でも、ある程度の認知症ないしそれに近い症状を有しているが体は元気で動き回る老人を多く抱える状況の到来が予想されるが、そのような状況になっても前記の法理が例外なく維持されるべきかどうかの疑問も生じてこよう。このような場合を想定すれば、一般法理ではなく、認定された具体的な事実関係を前提にして、事故発生の予見が可能であったとか、人的体制が十分であったとはいえない等として、介護施設に注意義務違反（過失）を認めるという個別の処理をしていくことになるのである。

ウ　そして、紛争は、今日、社会経済等の進展によりダイナミックな展開を見せるものも多いため、具体的な紛争の事実関係を踏まえて検討してきた判例法理の射程が及ばなくなる事態も生ずるので、当該事案の解決に必要な限度を超えてその射程が長くなるような説示を展開することには、慎重にならざるを得ないのである。そのため、判例法理としても、その全体的な理論的分析結果を体系的に検討していたとしても、常にそのすべてを判示するのではなく、当該事案を前提として当該紛争解決に必要な範囲で示す、という慎重な対応が求められることにもなろう。このように、判例法理については、例えば、憲法学上の一般法理、憲法理論の体系的な紹介とは、性質上異なる面や別個の役割があると言わざるを得ないところである。最高裁判所判例集には、最高裁判所判例委員会の審議を経て、最高裁判例の「判示事項」及び「判決要旨」を登載しているが、そこでは、一般法理よりも事例判例（具体的な事案の事実を前提にした当該事件限りの判断）ないし場合判例（想定される複数の場合のうち当該事案が含まれる一定の場合を前提とした判断）といった処理が多く見られるのは、それゆえである。

(2)　猿払事件大法廷判決の判決要旨とその位置付け

以上を前提に検討すると、既に引用した私の補足意見が述べているところであるが、猿払事件の事案においては、問題となった公務員の行為が実質的にみて「公務員の職務の遂行の中立性を損なうおそれがある行為」であると容易に認められるものであり、このような事案の特殊性を前提にすれば、当該選挙用ポスター掲示等の行為が本件罰則規定の禁止する政治的行為に該当することが明らかであるから、この大法廷判決は、前記のような「おそれ」の意味内容を掘り下げて検討し、さらに合憲性審査の枠組みのすべてを示した上で、当該事案で「おそれ」が認められるか否かを吟味するといった処理をするまでもなく、（「おそれ」は当然認められるとして）政治的行為該当性を肯定したものとみることができる。そして、本件罰則規定の合憲性審査の基準としても、「合理的関連性」の有無のみに言及しそれだけで結論を出しているようにみえるが、これも事案の特殊性からして、あえて基準の全体像を示さなかった可能性もあろう。そして、猿払事件大法廷判決の要旨五では、「本件の文書の掲示又は配布（判文参照）」（傍点は筆者による。）とし、判文が認定している具体的な事実関係を前提とする事例判例であることを示す表現が用いられている。このように、一般法理ではなく事例判例として要旨が採られていることの意味は、正にそこにあるといえよう。そうすると、私の前記の補足意見が指摘しているとおり、猿払事件大法廷判決は、今日の利益衡量の手法や厳格な基準を想起させるようなあるいはその萌芽とも見得る説示も散見され、かつての「公共の福祉論」や「公務員の職務の特殊性」からいきなり憲法適合性を導き出す手法とはやはり異なるものであって（＊）、今回、その判断、見解についてあえて判例変更の処理をしなければならなかったものとは思われない。

＊もっとも、猿払事件大法廷判決では「公務員の政治的中立性を損なうおそれのある行動類型に属する政治的行為を、意見表明そのものの制約をねらいとしてではなく、その行動のもたらす弊害の防止をねらいとして禁止するときは、同時に意見表明の自由が制約されることにはなるものの、それは、行動の禁止に伴う限度での間接的、付随的な制約に過ぎず、かつ規制される行動類型以外の行

為により意見を表明する自由まで制約するものではない。」という趣旨の説示がある。これは、表現の自由の重要性を踏まえ、その制約は最小限度であるべきだという発想とは異なる趣があり、その重要性よりも、公共の福祉を重視するかつての合憲性審査基準の発想の残滓があるとする見方も不可能ではないであろう。

(3) 小法廷での憲法判断の意味

さらに付言すると、国家公務員制度の改革の議論がされている状況下で、最高裁大法廷において殊更判例変更をして大きな一般法理や公務員制度の制度設計の憲法論的指針をいきなり先走って示すような判示をするといういささか仰々しい処理ではなく、行政の中立性の確保を制度の目的等として捉えた上、近時踏襲されてきた合憲性の厳格な審査基準を踏まえて、小法廷での憲法判断をしっかりと示すことで足りるはずであって、司法部としては、これこそが堅実な処理であるという思いを抱いたことも、理解されるところではなかろうか。

## 4 論点②：本件処罰規定の対象となる公務員の「政治的行為」に関する法令解釈が生起させた憲法判断回避という批判について

(1) 私の補足意見においては、前記の「政治的行為」については文言上の限定はないものの、当該規定の文言に該当する政治的行為であって「公務員の職務の遂行の政治的中立性を損なうおそれが、現実的に起こり得るものとして実質的に認められるものを指す」という限定を付した解釈を示したが、そこでは、これはいわゆる合憲限定解釈の手法を採用したものではない、との説明を付加している。

これに対し、このような処理については、ドイツ国法学の権威であるハンス・ケルゼンを引き合いに出し、いわゆる「憲法適合的解釈」である等として論ずるもの（毛利透「ケルゼンを使って『憲法適合的解釈は憲法違反である』といえるのか」法律時報八七巻一二号（二〇一五年）九三頁以下）や、当該刑罰法規の憲法適合性を法令の解釈の問題に矮小化させ、違憲立法審査権を行使して違憲判断ないし合憲限定解釈等を行うことを回避したものであり、法令の合憲性のチェックという司法部の重大な使命の一つを放棄するものではないかと批判するものもある。さらには、法令の通常の解釈を行ったにすぎないとわざわざ断る補足意見が付された判決が現れたことは、憲法上問題のある法律であることの認識を表明することさえ回避しようとする傾向が看て取れるとし、政治部門の行為を違憲ないし違憲の疑いがあると判断することを極度に自制する最高裁の違憲判断消極主義と性格付けるしかなく、これが「日本の法の支配」の現状であるとし、最高裁判事の任免のあり方等の問題にも繋がる趣旨を指摘する見解まで見られる。

この問題は、補足意見や前記の論点①で既に指摘したとおり、司法部において、当該事案の処理の際、法令解釈や合憲性審査を行った結果、その判例法理を、射程等を含め、どのような観点から展開するのかしないのか、という司法の本質論とも関係するところであり、本件においても慎重な検討を経たものであるが、ここで、多少の説明を付加しておきたい。

(2) 我が国の違憲立法審査権は、具体的事件の解決に必要な場合に審査を行うといういわゆる付随的審査制をとっており、したがって、各種訴訟における司法判断は、認定された事実を前提に、法律的な論点に関係する法令を解釈し、それを適用して結論を出す作用である。そのため、最初から関係法令の合憲性が抽象的に問題になるのではなく、まず、事案についての事実認定が行われ、次に、それに関連する法令の関係規定を取り上げ、それを解釈し意味を確定することが行われる。そこでは、条文の文言に注視することは当然ではあるが、文理解釈で終わる場合は多くなく、例えば、刑事法であれば、刑罰により保護しようとする保護法益が何かという観点を踏まえつつ、罪刑法定主義の大原則の下、犯罪構成要件がどのようなものか、その範囲が明確であるかという観点から解釈されることになり、民事法では、当事者の（合理的）意思がどうであったかを探り、債権者と債務者の相対する双方の観点から、当該法令の適用場面での利害状況を踏まえ、それらの利益衡量等により合理的な内容を解釈していくことになる。行政法規であれば、保護すべき法的利益は何かを踏まえて立法目的を確定し、それとの関連で、規定の意味、合理性を探り、その際、他の制度との整合性をチェックし、行政裁量の範囲を見極めて、当該条項の解釈をすることになる。

本件で適用される法令は、国家公務員法及び人事院規則という行政法規であるから、その立法目的・意図を探り、事案で問題になっている当該規定のみでなく、国家の統治機構の基本となる公務員制度の全体像がどのような理念・思想の下に作られ、各条項が有機的な関連を持っているかをみた上で、当該条文の趣旨、意味、規制の範囲等を探って内容を解釈していくという作用が当然に行われるのである。

(3)　ところで、本件罰則規定はいわゆる抽象的危険犯であり、それが適用されるためには、公務員の職務の遂行の中立性ひいては行政の中立的運営やこれに対する国民の信頼が実質的に損なわれることまで必要ないことはもちろん、これらが損なわれる具体的な危険の発生も必要とされるものではない。なぜなら、仮に、これを「具体的危険犯」と捉える場合には、行政の中立的運営やそれについての国民の信頼が損なわれる具体的危険が生じたときであることが必要とされ、そうなると、本件罰則規定の適用のためには、具体的な「おそれ」の発生を立証する必要が生ずることになる。しかし、「おそれ」の発生の有無は評価的要素が大きいので、具体的にどのような事実を立証すべきか、その事実の評価が多様で相対的であるときはどうするのか等の問題が生じ、刑罰法規としての意味をなさなくなるからである。

そして、国家公務員法一〇二条一項の規制目的ないし保護法益については、「行政の中立的運営を確保しこれに対する国民の信頼を維持すること」をその趣旨とするものである。そうすると、政治活動を禁止するといっても、およそあらゆる場面であらゆる政治的行為を禁止するのではなく、このような行政の公平中立的運営やそれに対する国民の信頼を損なう危険ないし「おそれ」を生じさせる行為というものを想定しているはずである（この点は猿払事件大法廷判決も「おそれ」に言及しているところである。）。そうであれば、当該公務員の行為が本件罰則規定に該当するかどうかは、当該公務員が指揮命令や指導監督等により他の職員の職務遂行に影響を及ぼし得る地位（管理職的立場）かどうか、勤務時間内あるいは休日等の勤務時間外に行われたのかどうか、国等の職場の施設を利用したものか、さらには、公務員による行為と外部から一般に認識し得る態様で行われたものであったか否か等の諸事情により「おそれ」の有無が異なり、本件罰則規定該当性が左右されるはずである。したがって、本件罰則規定は、まずそのような点を踏まえて、その内容・外縁等についての（通常の）法解釈としてその範囲を一定程度絞り込む必要がある。

(4)　この点についての本件判決の判示部分は、対象となる政治的行為を絞り込む際に「おそれ」をどう表現するかについて検討に検討を重ねた結果によるものであることは、当然に推察されるところであろう。例えば、次のような検討がされたのかもしれない。

> 本件罰則規定は抽象的危険犯を定めたものではあるが、列挙された対象となる公務員の政治的行為について、規定の趣旨目的からして一定の限定がされるべきものである。そこで、「公務員の職務遂行の政治的中立性を損なうおそれが実質的に認められる行為」とする解釈を示す方法が考えられる。これは、傍点部分により適用範囲の絞り込みをしたものであるが、しかし、そもそも「おそれ」という用語は将来の予測的な要素を含むため、中立性を損なう行為だけではなくそ

こに至らない未遂ないし着手直前の行為をも含むとして拡張解釈したものと誤解されるおそれがある（猿払事件大法廷判決は、随所で、対象としている行為は「公務員の政治的中立性を損なうおそれがありそれを禁止している」旨を繰り返し判示しており、そこでは、「おそれ」を絞り込む意味に使うのではなく、限定列挙された行為はそもそもそのようなおそれのある行為であることで足りるという趣旨を説明するために使用しており、限定の趣旨はない。）。

そこで、禁止される政治的行為の範囲を絞り込む趣旨を明らかにするために、「本件罰則規定で限定列挙された政治的行為であって公務員の職務遂行の政治的中立性を損なう実質的な危険性があるもの」とするか、「本件罰則規定で限定列挙された政治的行為であって公務員の職務遂行の政治的中立性を損なうおそれが実質的に認められるもの」といった表現が考えられよう。

前者は、限定する趣旨は明確であるが、具体的危険犯をいうものと誤解されるおそれがある。後者は、「おそれ」という用語を使用しているが、おそれが類型的に見てしっかりと認められるものであるから、絞り込む趣旨は読み取れるであろう（＊）。

＊なお、当時、刑罰法規で「おそれ」を構成要件とするものの例を網羅的に調査し、その条文の解釈等も検討したことがあるが、その数は、「新幹線鉄道における列車運行の安全を妨げる行為の処罰に関する特例法」（運行保安設備の損壊等の罪）二条一項・三項等をはじめとして全部で七件に及んだ。

(5)　以上に紹介したのは、このような法令解釈は当該法令が合憲か否かという合憲性審査の前提となる作業であり、その意味で、違憲の可能性が強いところを合憲と判断することができるように本来の内容を限定的に修正するという作業ではない。

そもそも、合憲限定解釈は、いわば司法による法令の一部修正としての意味を有し、司法による一種の立法を行うに等しいものである。そして、それが単なる量的な一部を削るだけのものであれば別であるが、私の補足意見で述べているとおり、その修正が当該法令の本来の趣旨に変容をもたらし、あるいは制度全体の趣旨目的が変容させられたり、本来の意図と背馳するような場合には、合憲限定解釈ではなく、端的に当該法令全体を違憲無効とすべきか等が検討課題になるのであり、合憲限定解釈の措置自体の許容性が問題とされなければならない。さもなければ、立法府の意図と齟齬し、現行の公務員制度全体の理念と背馳し、ゆがんだ制度を司法部が作り出すこととなる危険性があり、司法部が本来の権限を超えて立法裁量権を侵害する判断をすることに繋がるおそれがある。

私の補足意見において、あえて、この人事院規則等の解釈が合憲限定解釈ではなくあくまでも国家公務員の法規としての本来の法令解釈にすぎないこととしたのは、通常の法令解釈としてそのような見方が十分に可能であり、それが国家公務員法全体の理念や当該規定の趣旨に沿うからである。

(6)　更に付言すると、このような違憲立法審査権の行使の前提として法令を解釈することは、合憲限定解釈によって当該法令の一部を事実上違憲無効として処理する以上に、国会が制定した法令ないし法制度について、司法部がその公定解釈を示すことにより、その内容を立法府の意図を踏まえ、あるいは憲法理念を踏まえ、可能な限り合理的なものとして確定させるものでもある。したがって、あえていえば、このような法令解釈は、違憲立法審査権の行使を回避するものではなく、むしろ違憲立法審査権を含む司法部の立法権に対する権限行使のあり方の一つであり、立法に対する司法部のチェック機能をいわば本来の権限として行うものではなかろうか。

我が国司法部が、ボン基本法下のドイツの連邦憲法裁判所のように、具体的な事件処理を離れて抽象的規範統制として法令の違憲審査を行う権限が認められている場合や、フランスの憲法院（Conseil constitutionel）のように、法律が確定的に成立し公布されるための大統領による審書に先立つ法律自体の違憲審査制度を有する場合であれば格別、付随的審査制を前提とするものである以上、違憲立法審査権至上主義を採るのでない限り、通常の法令解釈を先行させるこのような処理について、これを、司法のあるべき立法に対するチェック機能である違憲立法審査権を放棄する、あるいはないがしろにするものであるとみる見解には、強い違和感を禁じ得ない（＊）。

＊　法令の合憲性審査において、いわゆる合憲限定解釈を行った最高裁判例は幾つかあるが、例えば、税関検査違憲訴訟大法廷判決（昭和五九年一二月一二日・民集三八巻一二号一三〇八頁）においては、輸入が禁止される関税定率法二一条一項三号（旧法）のいう「風俗を害すべき書籍、図画」等の意味について、「猥褻な書籍、図画等を指すものと解すべきであり、右規定は広汎又は不明確の故に

……憲法二一条一項の規定に違反するものでない」としている。「風俗を害すべき」の用語は、本来広がりのある表現であり、これをこのように「猥褻な」の意味に限定する処理は、通常の法解釈の域を超えたものであって、司法部による法令の一部修正としての意味を有する合憲限定解釈によらざるを得ないであろう。また、都教組事件大法廷判決（昭和四四年四月二日・刑集二三巻五号三〇五号）は、争議行為のあおり行為等を処罰する地方公務員法の規定について、いわゆる必要最小限度の要請を無視して刑罰の対象としており、このままでは違憲の疑いを免れないが、合憲限定解釈により強い違法性がある場合に限定されると解することができるとしている。これは、争議行為及びそのあおり等は、逆に、その意味や外延が明確であるので、これを更に限定するのは、通常の法解釈では不適当であるから、合憲限定解釈をすることにしたものである。

ところが、本件処罰規定が定める国家公務員の「政治的行為」については、国家公務員法の規定では余りにも広汎であるため、人事院規則一四―七によりその内容を限定し具体化しようとしている。しかしながら、同規則一項ないし四項の法の適用範囲や五項の政治的目的についての定めは、網羅的で広範囲であり、また、政治的行為の定義規定として設けられた六項は、具体化を意図したものであるが、合計一七号にわたる政治的行為を羅列しているため、限定の趣旨が明確に読み取れず、特に、本件罰則規定となる六項七号、一三号は、依然として、政党機関誌の配布行為等が、立法意図に反して、広汎に禁止の対象となりかねない規定ぶりとなっている。そうなると、本件処罰規定の解釈に際しては、人事院規則による対象行為の限定・具体化の趣旨すなわち立法意図を踏まえ、まず通常の法解釈の範囲で補うべきであり、その後に合憲性の審査を行うことが、国家公務員法における立法者意思の尊重にも繋がることになろう。これをせずに司法部が合憲にするためにいきなり法令修正の作業に入ろうとしても、その基準・方法も様々なものがあり得るので、合憲限定解釈も恣意的になるおそれがある。

ここで、通常の法令解釈ではなくまず違憲審査を行うべしとする見解に対して、「違憲立法審査権至上主義」というやや強い表現を用いたのは、それゆえである。

我が国司法部においては、具体的な事件処理に際し適用される法令について、通常は、「まず違憲審査を行ってから適用する」ということはしない。そして、一般に、違憲審査の前段階で司法部による通常の法令の解釈が行われ、それが法令の意味内容を確定することになることの意味を考えると、本件のような処理は、司法部の持つ武器、すなわち目立たないが切れ味の良い刃物でもあるように感じるのは、私の自己弁護に過ぎるであろうか？

# Ⅲ　法令違憲の大法廷決定の遡及効を制限する法理

## 1　問題の所在

最高裁平成二五年九月四日大法廷決定・民集六七巻六号一三二〇頁（嫡出でない子の相続分違憲大法廷決定）は、嫡出でない子の法定相続分を定めた民法九〇〇条四号ただし書前段の規定について、遅くとも平成一三年七月当時（本件相続が開始した時点）において、憲法一四条一項に違反していたと判断した。最高裁が違憲立法審査権を行使し、法令や処分を違憲・無効と判断した場合、通常、その判断の基準時は、当該事件において、法令が適用され、あるいは処分がされた時点である。しかし、違憲無効とされた法令や処分は、これを前提に多くの法律関係等が積み上げられてきているため、最高裁判断の効力が基準時まで遡及してその時点で発生するとなると、その効力は当該事件についてのものではあるが（いわゆる個別効力説）、下級裁判所に対する先例としての事実上の拘束力を生ずることになるため、それに従う場合、結果的にその後の法律関係等を覆滅させることに繋がり、法的安定性を大きく損なう事態が生ずることが起こり得る。具体的には、前記大法廷決定の効力が当該事件において相続が生じた平成一三年七月に遡及するとなると、いわゆる違憲判断についての個別効力説を前提にしても、当該事件もさることながら、他の同種事件に対しても、先例としての事実上の拘束性を及ぼすこととなり、その時点から判決時までに生じた多数の遺産分割事件に様々な影響が生ずることとなろう。

そこで、最高裁決定の先例としての事実上の拘束力をどう考えるべきかが問題となる。

## 2　平成二五年大法廷決定の法廷意見

この問題状況と最高裁としての見解について、法廷意見は、次のように判示している。

『4　先例としての事実上の拘束性について

本決定は、本件規定が遅くとも平成一三年七月当時において憲法一四条一項に違反していたと判断するものであり、平成七年大法廷決定並びに前記3(3)キの小法廷判決及び小法廷決定が、それより前に相続が開始した事件についてその相続開始時点での本件規定の合憲性を肯定した判断を変更するものではない。

他方、憲法に違反する法律は原則として無効であり、その法律に基づいてされた行為の効力も否定されるべきものであることからすると、本件規定は、本決定により遅くとも平成一三年七月当時において憲法一四条一項に違反していたと判断される以上、本決定の先例としての事実上の拘束性により、上記当時以降は無効であることとなり、また、本件規定に基づいてされた裁判や合意の効力等も否定されることになろう。しかしながら、本件規定は、国民生活や身分関係の基本法である民法の一部を構成し、相続という日常的な現象を規律する規定であって、平成一三年七月から既に約一二年もの期間が経過していることからすると、その間に、本件規定の合憲性を前提として、多くの遺産の分割が行われ、更にそれを基に新たな権利関係が形成される事態が広く生じてきていることが容易に推察される。取り分け、本決定の違憲判断は、長期にわたる社会状況の変化に照らし、本件規定がその合理性を失ったことを理由として、その違憲性を当裁判所として初めて明らかにするものである。それにもかかわらず、本決定の違憲判断が、先例としての事実上の拘束性という形で既に行われた遺産の分割等の効力にも影響し、いわば解決済みの事案にも効果が及ぶとすることは、著しく法的安定性を害することになる。法的安定性は法に内在する普遍的な要請であり、当裁判所の違憲判断も、その先例としての事実上の拘束性を限定し、法的安定性の確保との調和を図ることが求められているといわなければならず、このことは、裁判において本件規定を違憲と判断することの適否という点からも問題となり得るところといえる（前記3⑶ク参照）。

以上の観点からすると、既に関係者間において裁判、合意等により確定的なものとなったといえる法律関係までをも現時点で覆すことは相当ではないが、関係者間の法律関係がそのような段階に至っていない事案であれば、本決定により違憲無効とされた本件規定の適用を排除した上で法律関係を確定的なものとするのが相当であるといえる。そして、相続の開始により法律上当然に法定相続分に応じて分割される可分債権又は可分債務については、債務者から支払を受け、又は債権者に弁済をするに当たり、法定相続分に関する規定の適用が問題となり得るものであるから、相続の開始により直ちに本件規定の定める相続分割合による分割がされたものとして法律関係が確定的なものとなったとみることは相当ではなく、その後の関係者間での裁判の終局、明示又は黙示の合意の成立等により上記規定を改めて適用する必要がない状態となったといえる場合に初めて、法律関係が確定的なものとなったとみるのが相当である。

したがって、本決定の違憲判断は、Aの相続の開始時から本決定までの間に開始された他の相続につき、本件規定を前提としてされた遺産の分割の審判その他の裁判、遺産の分割の協議その他の合意等により確定的なものとなった法律関係に影響を及ぼすものではないと解するのが相当である。』

## 3 違憲判断の拘束力を制限する法理の位置付け~私の補足意見

(1) 表記の問題について、法廷意見が意識して判示しているかどうかは別にして、私は、これも最高裁に固有の違憲立法審査権の作用であると考えている。

この点を述べた私の補足意見を引用紹介する。この問題は、最高裁が法令を違憲無効と判断する場合に常に問題となる事項であり、本書Ⅰ（三頁以下）の【衆議院議員定数訴訟の行方】で述べた定数訴訟の法理の全体像を構築する際にも、当然に検討されるべきテーマであろう。

『私は、法廷意見における本件の違憲判断の遡及効に係る判示と違憲審査権との関係について、若干の所見を補足しておきたい。

1　法廷意見は、本件規定につき、遅くとも本件の相続が発生した当時において違憲であり、それ以降は無効であるとしたが、本決定の違憲判断の先例としての事実上の拘束性の点については、法的安定性を害することのないよう、既に解決した形となっているものには及ばないとして、その効果の及ぶ範囲を一定程度に制限する判示（以下「本件遡及効の判示」という。）をしている。

この判示については、我が国の最高裁判所による違憲審査権の行使が、いわゆる付随的審査制を採用し、違憲判断の効力については個別的効力説とするのが一般的な理解である以上、本件の違憲判断についての遡及効の有無、範囲等を、それが先例としての事実上の拘束性という形であったとしても、対象となる事件の処理とは離れて、他の同種事件の今後の処理の在り方に関わるものとしてあらかじめ示すことになる点で異例ともいえるものである。しかし、これは、法令を違憲無効とすることは通常はそれを前提に築き上げられてきた多くの法律関係等を覆滅させる危険を生じさせるため、そのような法的安定性を大きく阻害する事態を避けるための措置であって、この点の配慮を要する事件において、最高裁判所が法令を違憲無効と判断する際には、基本的には常に必要不可欠な説示というべきものである。その意味で、本件遡及効の判示は、いわゆる傍論（obiter dictum）ではなく、判旨（ratio decidendi）として扱うべきものである。

2　次に、違憲無効とされた法令について立法により廃止措置を行う際には、廃止を定める改正法の施行時期や経過措置について、法的安定性を覆すことの弊害等を考慮して、改正法の附則の規定によって必要な手当を行うことが想定されるところであるが、本件遡及効の判示は、この作用（立法による改正法の附則による手当）と酷似しており、司法作用として可能かどうか、あるいは適当かどうかが問題とされるおそれがないわけではない。

憲法が最高裁判所に付与した違憲審査権は、法令をも対象にするため、それが違憲無効との判断がされると、個別的効力説を前提にしたとしても、先例としての事実上の拘束性が広く及ぶことになるため、そのままでは法的安定性を損なう事態が生ずることは当然に予想されるところである。そのことから考えると、このような事態を避けるため、違憲判断の遡及効の有無、時期、範囲等を一定程度制限するという権能、すなわち、立法が改正法の附則でその施行時期等を定めるのに類した作用も、違憲審査権の制度の一部として当初から予定されているはずであり、本件遡及効の判示は、最高裁判所の違憲審査権の行使に性質上内在する、あるいはこれに付随する権能ないし制度を支える原理、作用の一部であって、憲法は、これを違憲審査権行使の司法作用としてあらかじめ承認しているものと考えるべきである。』

(2)　前記最高裁大法廷決定を登載した最高裁民事判例集においては、決定の遡及効を制限する判示部分を、判旨として捉え、判示事項及び決定要旨に採用しており、私の補足意見における位置付けを裏付けるものとなっている。

これまで最高裁が法令違憲の判断を示した大法廷判決・決定は、昭和四八年四月四日判決・刑集二七巻三号二六五頁（尊属殺重罰規定違憲判決）、昭和五〇年四月三〇日判決・民集二九巻四号五七二頁（薬事法距離制限規定違憲判決）、昭和五一年四月一四日判決・民集三〇巻三号二二三頁（衆議院議員定数配分規定違憲判決）、昭和六〇年七月一七日判決・民集三九巻五号一一〇〇頁（衆議院議員定数配分規定違憲判決）、昭和六二年四月二二日判決・民集四一巻三号四〇八頁（森林法共有林分割制限規定違憲判決）、平成一四年九月一一日判決・民集五六巻七号一四三九頁（郵便法免責規定違憲判決）、平成一七年九月一四日判決・民集五九巻七号二〇八七頁（在外邦人の選挙権制限違憲判決）、平成二〇年六月四日判決・民集六二巻六号一三六七頁（嫡出でない子の国籍取得制限規定違憲判決）、平成二五年九月四日決定・民集六七巻六号一三二〇号（本件決定）及び平成二七年一二月一六日判決・民集六九巻八号二四二七頁

（女性の再婚禁止期間規定違憲判決）の合計一〇件である。

私の補足意見で述べたとおり、法令を違憲無効とする大法廷の判断がされると、その法令を前提に築き上げられてきた法律関係等が覆滅させられる危険が生じ、法的安定性を大きく阻害する事態が予想される場合がある。当該法令が違憲であれば、それを前提とする法律関係等も、一般的には、判断の基準時において無効とされて然るべきであるが、当該法律関係等の性質、内容、数量等からして、これらの現状維持を図り法的安定性の阻害を回避することが、法秩序全体からみて相当とされる場合もあろう。

違憲無効とされた法令を立法により廃止することを定める改正法を制定する場合には、改正法の施行時期や経過措置において、この点を考慮した対応をとることが一般である。我が国司法部の違憲審査権による法令違憲の判断は、いわゆる個別効力説に立っているので、立法による廃止措置とは異なる点はあるものの、事実上、当該法令の効力を否定する効果を有する点では同様であるので、法令違憲の判断をする際に、立法による当該法令の廃止措置と同様に、その効力の発生時期を遅らせ（例えば、一定の猶予期間付きの選挙無効判決等〈本書Ⅰ【衆議院議員定数訴訟の行方】三の３（三九頁）参照〉）、あるいは、本決定のように、その事実上の拘束力の及ぶ範囲を一定程度制限する措置を執ることは、憲法により付与された違憲立法審査権に含まれる権能というべきである。

本件以外のこれまでの法令違憲の判決・決定においてはこのような措置が執られてはいないが、それは、違憲審査の対象となった規定の内容、性質等からして、判決の効力を原則通り認めても法的安定性を大きく阻害することはなく、立法による当該法令の廃止に委ねることで足りると考えたからであろう。

# Ⅳ　今日における平等原則の意味と司法部の立ち位置

## ——二つの大法廷の判断が示す合憲性審査基準と国会の立法裁量

### 1　問題の所在

私の最高裁判事在任期間中に、嫡出でない子の相続分規定と女性に関する離婚後六か月の再婚禁止期間規定について、大法廷の二つの違憲判断が示された（平成二五年九月四日決定・民集六七巻六号一三二〇頁及び平成二七年一二月一六日判決・民集六九巻八号二四二七頁）。この二つの判決等は、違憲とした判断部分に関しては、いずれも一五人の最高裁判事全員一致の意見であるが、法令違憲とした合憲性の判断基準を子細にみると、微妙な違いが見られる。これは、対象となった規定の性質とそれに対する立法裁量のあり方をどう考えるかという問題についての司法部の立ち位置に関わるものである。私は、当時、いずれの事件についても裁判体の構成員として加わり、後者の事件ではその点についての補足意見を付加している。ここでは、その問題について、その後の憲法学者からの御指摘等をも踏まえ、現時点での考えを述べておきたい。

## 2　これまでの最高裁判例の合憲性審査基準

これまで法令が憲法一四条一項に違反する旨を示した最高裁の先例として、前記二件の大法廷判決等より前には、刑法二〇〇条の尊属殺重罰規定を違憲とした昭和四八年大法廷判決（昭和四八年四月四日・刑集二七巻三号二六五頁）、公職選挙法の議員定数配分規定を違憲とした昭和五一年大法廷判決（昭和五一年四月一四日・民集三〇巻三号二二三頁）及び昭和六〇年大法廷判決（昭和六〇年七月一七日・民集三九巻五号一一〇〇頁）並びに嫡出でない子の国籍取得を制限する国籍法三条一項の規定を違憲とした平成二〇年大法廷判決（平成二〇年六月四日・民集六二巻六号一三六七頁）がある。

これらの判例においては、憲法一四条一項は合理的理由のない差別を禁止する趣旨であって、同項後段には差別が禁止される事項として、人種、信条等が列挙されているが、これらは例示であり、結局、各人の経済的、社会的その他種々の事実上の差異を理由として法的取扱いに区別を設けることは、それが合理性を有する限り同項に違反するものではないとした上で、結局、当該区別が一四条違反か否かを判断するに当たっては、その判断の枠組みとして、それが事柄の性質に即応した合理的な根拠に基づくものといえるか否かを検討して決すべきものとしている（尊属殺重罰規定違憲大法廷判決）。

そして、「区別が事柄の性質に即応した合理的な根拠に基づくものといえるか」を判断する際の具体的な判断基準ないし判断指標としては、立法府に合理的な範囲の立法裁量が認められることを前提とした上で、①立法目的に正当性・合理性があるか、及び、②区別を定める規定内容を実現するための手段として立法目的との間に合理的関連があるかどうか、を検討していくという「いわゆる合理的関連性のテスト」を用いて処理すべきものとしている。例えば、尊属殺重罰規定違憲大法廷判決は、尊属殺を定める刑法二〇〇条の規定の立法目的は、尊属に対する敬愛や報恩という自然的情愛ないし普遍的倫理の維持尊重にあるが、同条は、尊属殺の法定刑を死刑又は無期懲役刑のみに限っている点において、その目的達成のため必要な限度を遥かに超え、普通殺に関する刑法一九九条の法定刑に比して著しく不合理な差別的取扱いをするものと認められ、憲法一四条一項に違反して無効であるとしており、正に、合理的関連性のテストを用いて結論を出している。

### 3　近年の二つの大法廷決定・判決における合憲性審査基準の相違

(1)　ところで、平成二五年の嫡出でない子の相続分違憲大法廷決定は、嫡出でない子の相続分を嫡出子の相続分の二分の一とする本件規定により生ずる区別について、立法府に与えられた立法裁量を考慮しても合理的な根拠が認められない場合には、当該区別は憲法一四条に違反すると解するのが相当であるとする従前からの判断の枠組みを改めて判示した。しかし、その上で、いわゆる合理的関連性のテストについて言及しないまま、本件規定に関連する諸事情の変遷等に着目し、昭和二二年の民法改正時から現在に至るまでの間の社会の動向、我が国における家族形態の多様化やこれに伴う国民意識の変化、諸外国の立法の趨勢及び我が国が批准した条約の内容とこれに基づき設置された委員会からの指摘、嫡出子と嫡出でない子の区別に関わる法制等の変化、更にはこれまでの最高裁判例における度重なる問題の指摘等を総合的に考察すれば、家族という共同体の中における個人の尊重がより明確に認識されてきたことは明らかであり、法律婚という制度の下で父母が婚姻関係になかったという、子にとって自ら選択ないし修正する余地のない事柄を理由としてその子に不利益を及ぼすことは許されず、子を個人として尊重し、その権利を保障すべきであるという考え方が確立されてきているということができるとした上で、これらを総合すれば、本件で問題となった平成一三年七月当時においては、立法府の裁量権を考慮しても、嫡出子と嫡出でない子の法定相続分を区別する合理的な根拠は失われており、本件規定は憲法一四条に違反していると判断している。

(2) このように、嫡出でない子の相続分違憲大法廷決定が合理的関連性のテストを判断基準として明示的に用いなかった点については、様々な解釈や憶測がされている。例えば、嫡出でない子の相続分規定を合憲としていた平成七年大法廷決定（平成七年七月五日・民集四九巻七号一七八九頁）については判例変更をせず、その後の事情の変化により結論が変わったとしたことから、従前と同じ判断基準をそのまま明示的に用いるのが躊躇されたからであろうとするもの、あるいは、合理的関連性のテストによれば、一五人の判事の判断が細部で分かれる危険があるため、大法廷で全員一致の違憲判断とするために、あえて分析的な検討の指標としての合理的関連性のテストを用いないこととしたのではないかと推測するもの等、うがった見方をするものも現れ、さらには、合理的関連性のテストは立法裁量を広く認める場合に採用されるべきで、本件ではふさわしくないとして採用しなかったのであろう、とする見方も現れている。

(3)　嫡出でない子の相続分違憲大法廷決定においては、合理的関連性のテストを採用しなかった理由を明示的には何も述べてはおらず、また、その後も、その理由等について、最高裁は、様々な憶測に答えるようなことはしないでいたところ、その約二年後の平成二七年に、憲法一四条違反の有無が争われ、違憲判断を示した再婚禁止期間規定違憲大法廷判決が言い渡された。そこでは合理的関連性のテストが再び正面から判断基準として示されたため、これら二つの判決等をどのように整合的にとらえるべきかが問題とされることとなった。

## 4　合理的関連性のテストに関する二つの大法廷判決

合憲性の審査基準については、本書Ⅱ（四七頁以下）の【猿払事件大法廷判決を乗り越えた先の世界】でも触れたとおり、最高裁は、判決において、常に判例法理・判断基準の全体像を抽象的・一般的な形で呈示するわけではなく、あくまでも、事案に応じ判断に必要な限度で、しかも事件処理にふさわしい形と限度で示していくものである。前記の二つの大法廷判決等が、一見すると異なる基準を示したかのように見えるのはそのためでもあろう。

この問題を説明する前に、平成二七年の再婚禁止期間規定違憲大法廷判決（多数意見）の要旨と、その判決における私の補足意見のうち合憲性審査基準としての合理的関連性のテスト等に関係する部分について、参考のためここに紹介しておきたい。

(1) 多数意見の要旨

女性について六か月の再婚禁止期間を定める民法七三三条一項の立法目的は、民法七七二条が婚姻の成立の日から二〇〇日を経過した後又は婚姻の解消等の日から三〇〇日以内に生まれた子を婚姻中に懐胎したもので、夫の子と推定しているが、このこととの関係で生ずる父性の推定の重複（前婚の解消等と同時に後婚が成立すると、一〇〇日間については前夫の子との推定と後夫の子との推定が重複してしまうというもの）を回避することにあるところ、父子関係を早期に確定して子の身分関係の法的安定を図ることの重要性からすると、六か月のうち一〇〇日の再婚禁止期間の定めはこの立法目的との関係で合理的であるといえ、合憲である。しかし、一〇〇日を超える再婚禁止期間の定めは、かつては父子関係をめぐる紛争の防止のために意義を有していたといえるが、医療や科学技術の発達及び社会状況の変化等に伴い、遅くとも平成二〇年当時においては婚姻をするについての自由に対する過剰な制約となり、違憲となっていた。

(2) **私の補足意見**

――『私は、再婚禁止期間を定める民法七三三条一項（本件規定）の合憲性審査についての考え方と違憲の法律の改正等を怠った立法不作為の国家賠償法上の違法性の有無についての判断の――

枠組みに関して、次のとおり多数意見に付加して私見を補足しておきたい。

1　再婚禁止期間を定める本件規定の合憲性審査についての考え方

(1)　多数意見は、今回、本件規定の立法目的について、「父性の推定の重複を回避し、もって父子関係をめぐる紛争の発生を未然に防ぐことにある」としているが、これは、父性の推定の重複を回避することを直接的な立法目的であることを明確に示し、これによって紛争の未然防止が図られる関係にあることを判示したものと解される。ところで、旧民法七六七条一項においては、理論的には推定の重複を回避するのに必要な期間を超えて再婚禁止期間が六箇月と定められており、それは、多数意見の述べるとおり、当時の医療や科学技術の未発達であった状況を前提にし、現実的に父子関係をめぐる紛争を防止するためにある程度の期間の幅が必要であるという見解によるものであろうが、今回、多数意見は、本件規定の立法目的を上記のとおり明確に整理して判示したため、再婚禁止期間のうち一〇〇日を超える部分は、医療等の進歩により妊娠の時期が容易に明らかになる今日、もはや推定重複を回避するために必要な期間とはいえず、立法目的との関連でいわゆる合理的な関連性を有しないことが明らかであり、事柄の性質上、超過部分について国会の合理的な立法裁量の範囲内であると認めることはできないとしたものである。

(2)　今回、六箇月間のうち一〇〇日の女性の再婚を禁止する期間を設ける部分については、父性の推定の重複を回避するという立法目的が明確に整理されてその合理性が是認された以上、それとの関連において目的達成の手段としての合理性は理論的には当然に認められるところである。ところで、従前、当審は、法律上の不平等状態を生じさせている法令の合憲性審査においては、このように、立法目的の正当性・合理性とその手段の合理的な関連性の有無を審査し、これがいずれも認められる場合には、基本的にはそのまま合憲性を肯定してきている。これは、不平等状態を生じさせている法令の合憲性の審査基準としては、いわゆる精神的自由を制限する法令の合憲性審査のように、厳格な判断基準を用いて制限することにより得られる利益と失われる利益とを衡量して審査するなどの方法ではなく、そもそも国会によって制定された一つの法制度の中における不平等状態であって、当該法制度の制定自体は立法裁量に属し、その範囲は広いため、理論的形式的な意味合いの強い上記の立法目的の正当性・合理性とその手段の合理的関連性の有無を審査する方法を採ることで通常は足りるはずだからである。

しかしながら、立法目的が正当なものでも、その達成手段として設定された再婚禁止期間の措置は、それが一〇〇日間であっても、女性にとってその間は再婚ができないという意味で、憲法上の保護に値する婚姻をするについての自由に関する利益を損なうことになり、しかも、多数意見の指摘するとおり、今日、晩婚化が進む一方で、離婚件数及び再婚件数が増加する状況があり、再婚への制約をできる限り少なくするという要請が高まっている事情の下で、形式的な意味で上記の手段に合理的な関連性さえ肯定できれば足りるとしてよいかは問題であろう。このような場合、立法目的を達成する手段それ自体が実質的に不相当でないかどうか（この手段の採用自体が立法裁量の範囲内といえるかどうか）も更に検討する必要があるといえよう。多数意見が、「婚姻に対する直接的な制約を課すことが内容となっている本件規定については、その合理的な根拠の有無について以上のような事柄の性質を十分考慮に入れた上で検討をすることが必要である。」としているのは、この趣旨をも含めた説示であろう。

(3)　ところで、このように、上記の立法目的・手段の合理性等を審査する際に、採用した手段自体の実質的な相当性の有無の判断をも行う必要があるのであれば、合憲性審査においては、平成二五年の嫡出でない子の相続分に関する最高裁大法廷の違憲決定（最高裁平成二四年(ク)第九八四号、同九八五号同二五年九月四日大法廷決定・民集六七巻六号一三二〇頁）が説示したように、最初から、女性に対してのみ再婚を禁止するという差別的取扱いを端的に問題にして、それに関連する諸事情すべてを総合考慮した上で合理的な根拠を有するものといえるか否かを判断するという説示の仕方をすべきであるとする見解もあり得よう。しかしながら、上記の平成二五年大法廷決定が対象とした民法九〇〇条四号ただし書前段については、その立法理由について法律婚の尊重と嫡出でない子の保護の調整を図ったものとする平成七年の大法廷決定（最高裁平成三年(ク)第一四三号同七年七月五日大法廷決定・民集四九巻七号一七八九頁）の判示があり、その趣旨をどのように理解するかということも検討した上での平成二五年大法廷決定の説示があるのである。ところが、本件規定については、多数意見は、前記のとおり、その立法目的を、直接的には「父性の推定の重複を回避する」と明示しており、立法目的が単一で明確になっているため、本件については、正に、立法目的・手段の合理性等の有無を明示的に審査するのにふさわしいケースであるから、全体的な諸事情の総合判断という説示ではなく、そのような明示的な審査を行っており、「手段として不相当でないかどうか」（手段の相当性の有無）の点も、その際に、事柄の性質を十分考慮に入れた上で、合理的な立法裁量権の行使といえるか否かという観点から検討しているものといえる。

(4) 以上を前提に、手段の相当性の有無について更に付言すると、女性に対し再婚禁止期間を設けることについては、たとえ一〇〇日間であっても女性が被る不利益は重大であり、再婚禁止期間の設定自体が手段として不相当であり、女性に対する不合理な差別的内容となっているとした上、再婚禁止期間を設けるのではなく、父性の推定の重複する事態が生じた場合には、子と後夫ないし前夫らのＤＮＡ検査の実施や、父を定めることを目的とする訴えの提起、その制度の拡充等の方法で対処すべきであるとする見解があろう。多数意見でも触れているとおり、諸外国においても、このような再婚禁止期間の制度を設けていない国は少なくなく、立法政策としてはあり得るところである。

もっとも、これによると、推定の重複が生ずると、子が出生した時点では法律上の父が定まらないため、ＤＮＡ検査の実施や父を定めることを目的とする訴え等によることになるが、これでは法律上の父の決定がかなり遅れる事態も想定される（女性と後夫との関係がその後に悪化し、協力が得にくくなっていたり、訴訟が遅延する事態もあり得よう。）。この点は、正に、多数意見が指摘するように、生まれた子の福祉の観点から不都合な事態が起こることも想定され、子の利益に反するものである。

以上によれば、どちらの制度にも、一方は女性の自由な婚姻の利益を一定程度損なうこととなり、他方は生まれた子の利益に反する事態が生ずるという問題があり、いずれも利害得失があって、当然に一方が他方を凌駕する合理性を有するものと評価することはできない。そうであれば、前者の制度、すなわち、本件規定のうちの一〇〇日の再婚禁止期間を定めるという手段が不相当で国会の立法裁量を逸脱・濫用し違憲であると評価することはできない。

(5)　なお、前者の制度については、次のような懸念が生じかねない。すなわち、女性が不妊手術を受けていたり、あるいは、具体的な状況において前婚の解消等の時点で懐胎がないことが客観的に明確となる場合があり、そのような場合には、民法七七二条二項が定める妊娠の時期の推定を問題とする余地はなく、前婚の解消後に出生した子の父性の推定の制度を前提にその推定の重複を回避することを直接の目的とした本件規定による再婚禁止の措置をとる必要はないはずであるが、多数意見は、一律に一〇〇日間の再婚を禁止する限度で立法裁量の範囲内であるとしている。これは、自由な結婚を必要以上に規制することになって、やはり手段として不相当であるというものである。

しかし、このような場合には、共同補足意見が説示するとおり、一〇〇日以内であっても、本件規定の適用が否定されることになると解されるので、上記の懸念には及ばないと思われる。

2　違憲の法律の改正等を怠った立法不作為の国家賠償法上の違法性の有無についての判断の枠組み』（以下、省略）

## 5　憲法一四条をめぐる合憲性審査と「合理的関連性のテスト」

(1)　憲法一四条をめぐる合憲性審査の判断の枠組みとしては、従前の最高裁判例は、すべて、結局のところそれが事柄の性質に即応した合理的な根拠に基づくものといえるか否かを検討して、立法府の立法裁量の逸脱濫用の有無を決すべきものとしている。しかし、「事柄の性質に即応した合理的な根拠に基づくものといえるか否か」については、あまりにも抽象的な基準であるため、何をもって「合理的」とすべきかは、恣意的な判断になりかねず、客観性を欠き、説得力が不十分となる場合もあり、立法裁量の範囲を画する判断枠組みとしては、不十分であるという指摘もあり得よう。そこで、最高裁は、これまで、「立法目的が合理的で正当なものか否か」、及び「立法目的との関係で、区別を生じさせた手段に合理的関連性があるか」をチェックするという「合理的関連性のテスト」を用いて判断の指針を示し、判断に客観性を持たせようとしてきたのである。

(2)　ところで、この点については、学説上は、芦部信喜「憲法講義ノート第四三回「憲法一四条一項の構造と違憲審査基準――法の下の平等(3)」法学教室一三九号（一九九二年）九一頁や佐藤幸治『憲法〔第三版〕』（青林書院・一九九五年）四七一頁等が、基本的人権を制限する法令の違憲審査基準について、米国の連邦最高裁判所判例を参考に、最も厳格な審査基準である「厳格な基準」、中間的な審査基準である「厳格な合理性の基準」、及び最も緩やかな基準である「合理性の基準」を挙げた上で、憲法一四条一項違反の有無の判定においても、この三つの基準を用いるべきであり、立法府による多数決には委ねることができず司法が積極的に介入すべき問題（例えば人種を理由とする差別立法の憲法適合性）には、厳格な基準が妥当するなどという説明をしている。この説明は、司法部による合憲性審査基準について、対象となるテーマの性質等に応じて厳しくあるいは緩やかに考える必要がある点を分かり易く分類したものであり、上手な説明となっているといえよう。

しかしながら、平等原則違反が問題になるテーマについては、前記のとおり、我が国最高裁は、この三つの審査基準の基本思想は了解しつつも、明示的には、それらとは別に、次のような判断基準を示してきた。

すなわち、基本的人権を制限する立法についての審査は別として、憲法一四条一項違反の有無については、このような基準ではなく、基本的には、「区別が事柄の性質に即応した合理的な根拠に基づくものといえるか」という判断枠組みを立て、その具体的な判断基準ないし指標として、「合理的関連性のテスト」を用いてきたのである。これは、私の前記の補足意見で述べたとおり、不平等状態を生じさせている法令の合憲性の審査基準としては、いわゆる精神的自由を制限する法令の合憲性審査のような「利益衡量」や、制限が許容される場合を厳しくみる「厳格な基準」による審査ではなく、そもそも国会によって制定された一つの法制度の中における不平等状態であって、区別を生じさせること自体を直接の目的にしたようなものでない限り、当該法制度の制定自体は、一定の立法目的に基づき制定され、その制度が創設されたことにより、利益を得たり、あるいは損失を被る等の事態が生ずるのは、ある程度不可避であって、それが極端なものでない限り立法裁量に属するという基本的な考え方によるものであろう。そして、立法目的自体が不合理である、あるいは正当とはいえない、とされるような法令は、通常は想定し難く、その目的達成の手段も、合理的な関連性がある以上は、区別が生じていても立法裁量の範囲内であるから、司法が積極的に介入すべきではないという考え方が基本にあるものと思われる。

その上で、①昭和四八年尊属殺重罰規定違憲大法廷判決（前出）は、刑法の尊属殺を定める規定の立法目的は是認し得ても、その手段として、死刑と無期懲役刑のみを法定刑として定めていることは、立法目的達成のため必要な限度を遥かに超えており、その場合には、合理的関連性を否定し、また、

②平成二〇年国籍取得制限規定違憲大法廷判決（前出。なお、私は、当時、最高裁判所首席調査官として関与している。）も、父親が日本国籍を有していても、子の出生前に認知していない場合は、父母がその後に法律上の婚姻をするという「準正」が生じたときでない限り日本国籍の取得を認めないという規定については、我が国との関係が密接な場合に限って国籍取得を認めようとする立法目的は合理的であっても、国籍取得のために「準正」まで要求することは手段として余りにも過大なものである等のことから、その手段として合理的な関連性は認め難く、結局、当該区別は、合理的根拠に基づくものとはいえないとしている。なお、②国籍取得制限規定違憲大法廷判決は、判文の中で、「区別を生じさせることに合理的な理由があるか否かについては、慎重に検討することが必要である」旨の説示をしているが、これは、「合理的関連性」の有無とは別の判断基準を更に付加して用いて判断したのではなく、その判断の際に、事柄の重要性に鑑み通常よりもシビアーに見ていくべきところ、「準正」を国籍取得要件にするのは余りにも過大な要求であって、合理的関連性が認められないという判断の理由の過程で言及したものであり、学説でいう厳格な基準等の三段階基準を前提としたものと解することはできないと考える。

## 6　嫡出でない子の相続分違憲大法廷決定の判断基準

⑴　嫡出でない子の法定相続分の区別については、従前の最高裁決定（前出平成七年大法廷決定等）

は、民法九〇〇条四号ただし書の合憲性について、合理的関連性のテストにより審査している。その際、いくつかの立法目的の中に、法律婚の尊重と嫡出子の保護の観点から、相続権を認めないという考えもあるところ、嫡出でない子についても、その保護を図るため、従前から法定相続分を零ではなく嫡出子の法定相続分の二分の一を認めることとなっていたのであり（昭和二二年民法改正前の民法一〇〇四条ただし書）、この点では立法目的に合理的な面があることを認めていた。この立法目的は、時代によって変遷するものではないので、大法廷決定においてもこれを前提とすることになるので、そうであれば、嫡出子の相続分の二分の一を法定相続分として認めて嫡出でない子の保護を図ったのは、立法目的との関連において手段として合理的関連性があるとして、合憲判断を導き出している。そうすると、その後、今回の平成二五年大法廷決定が、今度はこれを違憲とするに当たり、立法目的に合理的な面があることは先例が認めてきているところであるので、その後の事情変更があったとしても、「合理的関連性のテスト」を使って説明し直すことが適当ではないので、このようなやや分析的な判断の基準ないし指標をあえて持ち出さず、基本的な判断の枠組みである「区別が事柄の性質に即応した合理的な根拠に基づくものといえるか否か」を検討するという観点から審査することにし、様々な考慮要素を総合的に判断することによって、違憲の結論を出したものであって、端的に「合理的な根拠の有無」を判断したのは、そのためである。そして、そのような判断をする際に考慮した重要な諸事情（例えば、①我が国における社会・経済状況の変動、婚姻や家族の実態の変化、国民の意識の変化、②一九六〇年代後半以降に欧米諸国で嫡出でない子の相続に関する区別を廃止する立法傾向が広がり、区別を残す国は世界的に限られている点、③児童が出生によりいかなる差別も受けない旨の規定を含む「児童の権利に関する条約」(平成六年条約第二号）の批准、自由権規約委員会の差別的規定廃止の勧告、④我が国国内法制における嫡出でない子と嫡出子との区別廃止の傾向、⑤法制審議会民法部会身分法小委員会での差別解消のための法改正の動き、⑥これまでの最高裁判例等における度重なる問題点の指摘、⑦家族という共同体の中における個人の尊厳を重視する傾向が生まれていること、⑧子を個人として尊重し、その権利を保障すべきであるとする考えの確立等をできる限り具体的に明示して、逐一それに評価を加えるという方法により、本件区別には合理的な根拠はもはや失われているとしたものであって、このような判断における説得力ないし客観性を増すような対応をしたものである。

(2)　このように、平成二五年大法廷決定は、事柄の性質等を踏まえ、合理的関連性のテストのような分析的な審査は相当ではないので、それを明示的には採用せず、諸事情を端的に総合的に判断して本件区別における合理的な根拠の有無を審査したものである。そうすると、憲法一四条違反の審査においては、今後は「合理的関連性のテスト」の判断基準はもはや使用しないと考えたわけではなく（もちろん、結論を全員一致で違憲とするためにあえて曖昧な審査基準を採用したというものではない。）、今後とも、事柄の性質等により、合理的関連性のテストによる審査の余地は残されていたとみるべきである。

## 7　再婚禁止期間規定違憲大法廷判決の判断基準

(1)　この大法廷判決は、違憲性審査の基準として、再び、合理的関連性のテストを採用している（＊）。これは、本判決が、立法目的については、再婚後に生まれた子について父性の推定の重複を回避し、父子関係を巡る紛争の発生を未然に防止することにあると明言し（立法目的については、従前は、現実に父子関係を巡る紛争を防止するためにある程度の期間を認めることにしたものとする理解もあり、曖昧な点があったが、本件では立法目的を父性の推定の重複を回避することと明確に整理して示したのである。）、そうなると、合理的関連性のテストが使用しやすくなり、一〇〇日までは合理的関連性を認め得るが、それを超える部分については認め得ないという、一〇〇日を境に判断が分かれる処理をしたものである。

＊　本件の事案における論点を改めて紹介すると、次のとおりである。

民法七三三条一項は、女性についてのみ前婚の解消又は取消しの日から六か月の再婚禁止期間を定めており、これによって、再婚する際の要件に関し男性と女性とを区別している点が、憲法一四条一項、二四条二項に違反するかどうかが争われた。この再婚禁止期間の措置は、民法七七二条が婚姻の成立の日から二〇〇日を経過した後又は婚姻の解消等の日から三〇〇日以内に生まれた子を婚姻中に懐胎したもので夫の子と推定していることとの関係で生ずる父性の推定の重複を回避するところにあるところ、前婚の解消等と同時に後婚が成立すると、一〇〇日間は前夫の子との推定と後夫の子との推定が重複してしまうので、その不都合を回避するための規制である。問題は、再婚禁止期間のうち一〇〇日を超える分は、父性の推定の重複を回避するために必要とはいえないこと等から、この措置に合理性が認められるかが問題となった。

(2) 本件の更なる問題点は、一〇〇日を超える再婚禁止期間については、前記のとおり、合理的関連性がないと言い切ることができ、全員一致の違憲の判断がされたが、そもそも一〇〇日以内であっても再婚を禁止することが憲法上問題がないかどうかである。この期間以内であれば、父性の推定の重複を回避するという立法目的との関係で、合理的関連性が認められるが、それだけで合憲としてよいのかが検討されなければならない。

「婚姻をする自由」は、あくまでも婚姻という法制度を前提としたものであり、婚姻の制度をどのような内容のものとするかは、我が国の歴史、伝統、婚姻の形態の変遷や国民の意識、家族観等を踏まえた立法裁量によるものであるから、「婚姻をする自由」は、具体的な法制度である婚姻制度を前提としたものであって、いわゆる天賦人権とはいえない。そうすると、再婚禁止期間の定めは、基本的人権の制約ないし自由権の規制そのものではなく、その意味で、合憲性審査も、厳格な基準により判断される必要はない。しかしながら、婚姻について制約を設けることは、自由な婚姻に関する利益(それが憲法上の基本的人権とまではいえなくとも、憲法二四条や一三条と密接な関連がある法的な利益であろう。)を制限するものであることは間違いなく、制約が過度なものである場合には、憲法適合性が問題になる。

ところで、再婚禁止期間の設定は、女性だけが対象となる不利益な区別であり、区別の合理的根拠が問題になる。そして、今日の我が国社会において、離婚件数や再婚件数が増加し、また、晩婚化の傾向がうかがわれ、それが妊娠の可能性とも関係するため、私の補足意見で述べたとおり、女性にとっては、深刻な自由の制約という面があり、再婚への制約をできるだけ少なくするという要請が一般に高まっている。そうすると、父性の推定の重複を回避するという立法目的を前提に、目的達成の手段としての合理的関連性の有無を探るという合理的関連性のテストだけで合憲性を認めてしまってよいかは問題であろう。

## 8 今日の社会における平等原則の意味と司法部の視線

(1) 今日、国会の立法作用は広範囲に及び、立法目的もその内容も、種々の利害関係の中において様々な観点からこれを調整する必要が生ずるなど、複雑困難化している。そうすると、法制度それ自体においても、また、現実の対応の点においても、利害状況が錯綜し、いろいろな面で格差、不平等、区別等がある程度不可避的に生じており、それを是正しようとする対応が別の新たな格差を生じさせる状況も見られ、平等原則をどこまで求めるべきか、それを貫くことが果たして可能かが議論されるところとなっている。そして、そこでは、法制度上の区別が合理的根拠に基づくかどうかだけではなく、採用された区別の方法・手段自体が、必然的に様々な法的な利益の得喪、侵害等を引き起こし、中には深刻な結果を生じさせるものもあり、軽視できない不平等な結果を生じさせるものもあるのである。

このように、様々な価値、利益が多様化し利害状況が錯綜した現代社会において、立法裁量権の行使は多方面に及ぶが、そこで生じた区別ないしその方法・手段について、司法部として、どのような判断の枠組みで国会の立法裁量権の逸脱濫用をチェックすべきかは、正に今日的な問題であるといえよう。私が補足意見で触れているように、合理的関連性のテストが使える事項であっても、このテストはどちらかというと広い立法裁量を前提にした形式的な審査基準という性質があり、これをパスすれば足りるとする立法作用もあるが、中には、区別する方法・手段自体の相当性について、立法裁量を逸脱濫用していないかをさらに慎重にチェックしなければ憲法適合性を決することはできないと考えられるものもある。私が、本件においては、合理的関連性のテストに加え、あるいはそれとは別に、方法・手段の相当性についても、立法裁量権の逸脱濫用をチェックすべきであると考えたのも、このような理由によるところである。

(2)　この区別の方法・手段の相当性の審査は、常に必要とされるものではないが、方法・手段の内容、態様によっては、一方の人達に深刻な法的な利益の侵害が生ずることが想定される場合には、方法・手段について他に採り得る代替手段の有無を検討した上、区別を生じさせた方法・手段がもたらす利益・不利益や、これを用いない制度を採用することによる利益・不利益等を考慮し、後者の制度が前者の制度を凌駕するほどの合理性があるといえる場合には、当該方法・手段の採用は立法裁量権の逸脱濫用となり、結局、当該方法・手段による区別には合理的根拠を認めることはできず、憲法一四条一項違反となる、という判断手法を用いるべきであろう。

本件においては、再婚禁止期間の定めを設けない制度によれば、父性の推定の重複が生ずると、子が出生した時点では法律上の父が定まらないため、ＤＮＡ検査の実施や父を定める訴え等によることになるが、これは、私の補足意見で触れているとおり、法律上の父の決定がかなり遅れる事態も想定され、生まれた子の福祉の観点から不都合な事態が起こるおそれがあり、子の利益に反することとなる。このように、区別の方法・手段を採ることと採らないこと、いずれも利害得失があり、当然に一方が他方を凌駕する合理性を有するものと評価することはできないのであるから、前者が国会の立法裁量を逸脱濫用し違憲とは評価することはできないものと考えた次第である。

本件判決の多数意見が「婚姻に対する直接的な制約を課すことが内容となっている本件規定については、その合理的な根拠の有無について以上のような事柄の性質を十分考慮に入れた上で検討をすることが必要である。」としたのは、このような観点から、合理的関連性のテストの外出しとして、区別を生じさせた方法・手段についての立法府の立法裁量権の行使に対する司法部のチェックを行ったものと見るべきであろう。

(3)　今日の我が国の社会的政治的状況等においては、今後は、憲法一四条違反の合憲性審査においては、合理的関連性のテストのみで判断できない事案も増えてくることが予想されるが、更にどのような審査基準により立法裁量の逸脱濫用を司法部がチェックするべきかは、残された課題であるといえよう。

# V　立法不作為と国家賠償請求の展開

前章で、立法府の立法裁量に逸脱濫用があると判示した例として紹介した、平成二七年の再婚禁止期間規定違憲大法廷判決は、国会議員の具体的な職務行為の準則に関わる判断となっており、この点についても司法部の立ち位置が問題となる。

## 1　問題の所在

平成二七年の再婚禁止期間規定違憲大法廷判決（平成二七年一二月一六日・民集六九巻八号二四二七頁）は、女性について六か月の再婚禁止期間を定める民法七三三条一項の規定について、一〇〇日を超えて再婚禁止期間を定めた部分（再婚禁止期間規定違憲部分）は、平成二〇年当時において、憲法一四条一項及び二四条二項に違反するとしたが、その際、国会が憲法に違反する法律の規定の改正又は廃止を怠ったことにより損害を被ったとして女性が原告として提起した国家賠償請求訴訟については、右大法廷判決は、平成二〇年当時においてこれが違憲であることが明白であったとはいえないとして、請求を排斥している。このように、違憲とされた法令の規定は、国会において速やかに改正又は廃止すべきものであるが、それが一定期間対応がされないでいた場合、この立法不作為につき違法であるとして国家賠償請求をすることができるのか、これを肯定するのはどのような要件の下で可能なのか、が問題となるところである。

この点については、そもそも、国会議員が個々の国民に対して立法的対応をする具体的な職務上の義務を負うのか、また、どのような場合に国会議員の立法過程における行動が職務上の注意義務違反になるのか、が検討されなければならず、結局、立法府としての立法作用のあり方について、司法部が、国家賠償請求の可否という観点から違法性の有無等をチェックするというものであり、正に、立法府と司法部との各権限行使の抑制均衡が正面からテーマとなる場面である。そして、司法部として、この点についてどのような判断の枠組みで処理すべきかは、対立法府との間にそれぞれの権限行使の場面での緊張関係が生ずる性質のものであり、司法部の立ち位置が問題となろう。

## 2　先例となる二つの大法廷判決

(1)　ところで、違憲の法律の改正等を怠った立法不作為に関して、国家賠償法上の違法性の有無についての判断の枠組みを示した最高裁の先例としては、①在宅投票制度を廃止しこれを復活しなかった国会議員の立法不作為に関する昭和六〇年第一小法廷判決（昭和六〇年一一月二一日・民集三九巻七号一五一二頁）と、②衆議院議員選挙について在外国民に投票する機会を確保する立法措置を執らなかったことに関する平成一七年大法廷判決（平成一七年九月一四日・民集五九巻七号二〇八七頁）があり、そこで示された判断枠組みは、①と②とでは表現に微妙な違いがあり、特に国家賠償を一部認めた②の結論は、国家賠償法上違法となるのは例外的な場合に限定されるとした①の想定外のようにも読めるものとなっている。

(2)　すなわち、①昭和六〇年第一小法廷判決は、「国会議員の立法行為は、立法の内容が憲法の一義的な文言に違反しているにもかかわらず国会があえて当該立法を行うというごとき、容易に想定し難いような例外的な場合でない限り、国家賠償法一条一項の規定の適用上、違法の評価を受けないものといわなければならない。」としており、これによると、立法不作為が違法とされる余地は現実にはほとんどあり得ないような判断枠組みのように読めるものである。

(3)　ところが、②平成一七年大法廷判決は、次のような事案で、立法不作為の違法を認めた。

外国に長期滞在していて国内の市町村の区域内に住所を有していない者は、住民基本台帳に記録されず、そのため選挙人名簿にも登録されていないため、選挙権の行使ができなかった。この点について平成一〇年に公職選挙法の改正があり、在外選挙人名簿を調製してこれに登録された者には選挙権の行使が認められるという制度が創設されたが、当分の間は、比例代表選挙に限られるものとされていた。そこで、国外に居住していたために国政選挙における選挙権行使の機会がなかった原告ら二四名が公職選挙法の改正を怠った立法不作為を理由とする国家賠償請求を行ったものである。

この事案において、最高裁大法廷は、「一〇年以上の長きにわたって国会が上記投票を可能にするための立法措置を執らなかったことは、国家賠償法一条一項の適用上違法の評価を受ける」とした上で、慰謝料として各五〇〇〇円の支払義務を負うとしたものである。

(4) この②の平成一七年大法廷判決については、支持する熱烈な意見がある一方で、被害者の個別の救済を図る国家賠償制度が、立法行為という特定の個人ではなく国民一般を対象とするものを取り上げており、しかも、違法行為の主体として特定の立法者・国会議員等が観念し難いものであること等から、個人の損害賠償請求を認めた結論やその前提となる判断の枠組みに疑問を呈する意見も見られたところである。

②の判決は、国家賠償法一条一項の適用上違法と評価される場合の判断枠組みとして、「立法の内容又は立法不作為が国民に憲法上保障されている権利を違法に侵害するものであることが明白な場合や、国民に憲法上保障されている権利行使の機会を確保するために所要の立法措置を執ることが必要不可欠であり、それが明白であるにもかかわらず、国会が正当な理由なく長期にわたってこれを怠る場合などには、例外的に、国会議員の立法行為又は立法不作為は、国家賠償法一条一項の規定の適用上、違法の評価を受けるものというべきである。」(傍点筆者)とし、①の昭和六〇年第一小法廷判決

は、以上と異なる趣旨をいうものではない、と結んでいる。

確かに、この判断枠組みは、①の判決ほどではないとしても、国家賠償法上違法と評価される場合について、憲法上の国民の権利行使の機会を確保するための立法措置を執ることが不可欠で、それが明白である場合としており、かなり限定的なものとしているようにも読める。ところが、②の判決は、結論としては、在外国民に投票の機会を与えない国会の選択には裁量権の逸脱濫用はなく所要の立法措置は不要であるとする判事二名の反対意見があったにもかかわらず、「違法であることは明白」等とし、国家賠償請求を一部認容している。そのため、①の判決との整合性はもちろん、自ら判示した国家賠償請求成立のための判断の枠組みとそれを当該事件の具体的な事実に当てはめた結論とが整合しているのかも気になるところとなっている。

### 3　平成二七年大法廷判決

#### (1)　多数意見の判断の枠組み

再婚禁止期間規定違憲大法廷判決では、判断の枠組みとしては、立法府の立法行為の規範、すなわち、国会議員の立法に関する職務上の法的義務のあり方を示すこととなるため、次のとおり、改めて一般的な考え方を打ち出した上で、それに従った判断を行い、結論として国家賠償法上の違法を否定している。

『国会議員の立法行為又は立法不作為が同項〔国家賠償法一条一項〕の適用上違法となるかどうかは、国会議員の立法過程における行動が個々の国民に対して負う職務上の法的義務に違反したかどうかの問題であり、立法の内容の違憲性の問題とは区別されるべきものである。そして、上記行動についての評価は原則として国民の政治的判断に委ねられるべき事柄であって、仮に当該立法の内容が憲法の規定に違反するものであるとしても、そのゆえに国会議員の立法行為又は立法不作為が直ちに国家賠償法一条一項の適用上違法の評価を受けるものではない。

もっとも、法律の規定が憲法上保障され又は保護されている権利利益を合理的な理由なく制約するものとして憲法の規定に違反するものであることが明白であるにもかかわらず、国会が正当な理由なく長期にわたってその改廃等の立法措置を怠る場合などにおいては〔傍点は筆者〕、国会議員の立法過程における行動が上記職務上の法的義務に違反したものとして、例外的に、その立法不作為は、国家賠償法一条一項の規定の適用上違法の評価を受けることがあるというべきである』。

(2) 平成一七年大法廷判決との関係

私は、平成二七年大法廷判決の判断枠組みに賛成するものであるが、ここでは、平成一七年大法廷判決の判断の枠組みとの異同、関係等をどう見るかが問題となる。

前記のとおり、このテーマが、立法府としての立法行為のあり方について司法部が国家賠償請求の可否という観点からチェックするというものであり、正に立法府と司法部との各権限行使の抑制均衡の場面で行われたものであるから、ひとたび示したその判断の枠組みを安易に変更・修正するべきではないことは当然であろう。さもないと、判断の枠組みといっても、事後に安易にこれを変えるとなれば、国会に対する司法部のメッセージとして、事件処理時点でのその場の判断に過ぎないものと評価されかねず、司法部の判断の重みが失われ、その信頼性を大きく損なうこととなろう。平成一七年大法廷判決が、判断枠組みの表現（あるいはその内容）に違いがあるにもかかわらず、わざわざ、「昭和六〇年第一小法廷判決は、以上と異なる趣旨をいうものではない」旨を付言し、判断枠組みを変えるものではない（したがって、当然に、判例変更も必要がない）ことを判示したのは、司法判断の安定性を確保するための苦心の対応であろう。

### 4　私の補足意見と司法部の立ち位置

この点についての私の補足意見は、次のようなものである。

『私は、再婚禁止期間を定める民法七三三条一項（本件規定）の合憲性審査についての考え方と違憲の法律の改正等を怠った立法不作為の国家賠償法上の違法性の有無についての判断の枠組みに関して、次のとおり多数意見に付加して私見を補足しておきたい。

1　再婚禁止期間を定める本件規定の合憲性審査についての考え方

（この点は、前記（九三頁以下）のとおりであり、省略）

## 2　違憲の法律の改正等を怠った立法不作為の国家賠償法上の違法性の有無についての判断の枠組み

(1)　この点について判示した当審先例としては、最高裁昭和五三年(オ)第一二四〇号同六〇年一一月二一日第一小法廷判決・民集三九巻七号一五一二頁（以下「昭和六〇年判決」という。）及び最高裁平成一三年（行ツ）第八二号、第八三号、同年（行ヒ）第七六号、第七七号同一七年九月一四日大法廷判決・民集五九巻七号二〇八七頁（以下「平成一七年判決」という。）がある。

昭和六〇年判決の事案は、在宅投票制度を廃止しこれを復活しなかった国会議員の立法行為について国家賠償法上の違法が問題になったものであるが、判決では、「国会議員は、立法に関しては、原則として、国民全体に対する関係で政治的責任を負うにとどまり、個別の国民の権利に対応した関係での法的義務を負うものではない」とした上、「国会議員の立法行為は、立法の内容が憲法の一義的な文言に違反しているにもかかわらず国会があえて当該立法を行うというごとき、容易に想定し難いような例外的な場合でない限り、国家賠償法一条一項の規定の適用上、違法の評価を受けない」旨を判示している。この判示は、国会議員の行為が国家賠償法上の違法となり得るすべての場合につき一般論を展開したものではなく、違法となり得る場合は極めて限定的にとらえるべきであるという見解を強調する趣旨で、当然にあるいは即時違法となるような典型的なしかも極端な場合を示したものである。したがって、この判示は、国会議員の立法行為につき、これ以外はおよそ違法とはならないとまでいったわけではなく、違法となるすべての場合に言及したものではないと解するべきである（この判示は、本件と同じ本件規定を改廃しない国会議員の立法行為（不作為）の違法に関する最高裁平成四年(オ)第二五五号同七年一二月五日第三小法廷判決・裁判集民事一七七号二四三頁にそのまま踏襲されている。）。

次に、平成一七年判決の事案は、衆議院議員選挙について在外国民に投票する機会を確保する立法措置をとらなかったという点についてのものであるが、「立法の内容又は立法不作為が国民に憲法上保障されている権利を違法に侵害するものであることが明白な場合や、国民に憲法上保障されている権利行使の機会を確保するために所要の立法措置を執ることが必要不可欠であり、それが明白であるにもかかわらず、国会が正当な理由なく長期にわたってこれを怠る場合などには、例外的に、国会議員の立法行為又は立法不作為は、国家賠償法一条一項の規定の適用上、違法の評価を受けるものというべきである」とした上、「昭和六〇年判決は、以上と異なる趣旨をいうものではない」と付言している。

ところで、平成一七年判決は、前記のとおり、前段部分と後段部分から成っており、前段部分は、昭和六〇年判決の事案と同様の違憲の立法を行った国会議員の立法行為又は立法不作為の違法性が問題になったケースについてのものである（本件もこの前段部分が問題になるケースである。）。前段部分の判示の内容は、昭和六〇年判決とは表現が異なる点はあるが、それと異なる判断内容を示したものではなく、単に従前の判断を踏襲する趣旨で表現を簡潔にして述べたもの、すなわち、昭和六〇年判決と同様に、当然に違法となる極端な場合を示したものにすぎないと解すべきである。

他方、平成一七年判決の後段部分の判示の内容は、正に当該事案で問題になった、国会議員が憲法上の権利行使の機会を確保する立法措置をとることについて、一般論として、「必要不可欠であり、それが明白であるにもかかわらず、国会が正当な理由なく長期にわたってこれを怠る場合など」には、例外的に違法となるという判断基準を説示したものである。

(2)　本件と平成一七年判決の判示との関係については、本件は、平成一七年判決の判示のうち前段部分と同様のケースであるところ、前段部分の判示のような憲法上の権利侵害が一義的な文言に違反しているような極端な場合ではないので、多数意見は、今回、改めて、これらの従前の当審の判示をも包摂するものとして、一般論的な判断基準を整理して示したものであり、平成一七年判決を変更するものではない。

また、本件は、平成一七年判決中の前段部分の違憲の立法の改正を怠るという立法不作為の違法性に関する事件ではあるが、多数意見で示された一般論は、その判示内容からして、前段の場合に限らず、後段の場合をも含め、国会議員の職務行為である立法的対応がどのような場合に国家賠償法上違法になるのかについての全体的な判断の枠組みを示したものと解することができる（なお、昭和六〇年判決が挙げた極端な例は、多数意見中の「国会が正当な理由なく長期にわたってその改廃等の立法措置を怠る場合などにおいては」とされた「など」に含まれるという見方もあろう。）。

(3)　ところで、平成一七年判決は、後段部分で、違法とされる場合の判断基準について、一般に、憲法で保障されている権利行使の機会を確保する立法措置をとることが必要不可欠でそれが明白であることを要求しているが、これに当該事案を当てはめた結論としては、上記の明白性を充たすとして国家賠償法上違法と評価した上、国家賠償請求を一部認める判断をしている。ところが、この判決においては、在外国民に選挙権の行使の機会を与える選挙制度を創設しなくとも立法裁量の逸脱・濫用で違憲であるとはいえないという二名の裁判官の反対意見が付されており、この反対意見は上記の立法措置をとることがそもそも必要不可欠ではないという趣旨の見解である。一般的な用いられ方からすると、「明白である」というのは、通常は異論を生じない場合を意味するものであるが、ここでは、このような一般的な用法とは異なり、もっと緩い程度を指すものとして用いられているのではないか、例えば、「多数」が必要不可欠であると考えた場合はこれを「明白」としているのではないかという疑義が生じかねず、同判決の前段部分でいう「明白な場合」という表現との関係も気になるところであった。

いずれにせよ、私の理解としては、平成一七年判決の判示する判断基準は、このような点も踏まえて、前段部分及び後段部分を含め、今回整理し直されたものということになる。今後は、この点の判断基準は、本件の多数意見の示すところによることとなろう。』

このように、私の補足意見は先例との整合性を説明した形になっている。しかし、繰り返しになるが、このテーマは、正に立法府と司法部との各権限行使の抑制均衡が図られる場面であり、平成二七年大法廷判決は、改めて司法部の立ち位置を明示したものである。一般的な判例法理を定立することは（特にそれが立法府に対する場合はなおさら）慎重であるべきことを改めて痛感させられたところである。

# Ⅵ　君が代訴訟における思想信条の自由と司法的判断の適合性

## ――内心の自由の規制と合憲性審査の判断枠組みについての試論

### 1　問題の所在

(1)　最高裁平成二三年五月三〇日第二小法廷判決・民集六五巻四号一七八〇頁は、いわゆる「君が代訴訟」についての判決であり、私が構成員に入っている。事案は、都立高等学校の教員が、卒業式において「君が代」を斉唱する際、国旗に向かって起立し国歌を斉唱すること（起立斉唱行為）を命ずる旨の校長の職務命令に従わず、起立しなかったところ、その命令違反を実質的な理由とする再雇用の拒否等がされた。そこで、教員が、本件職務命令は教員の思想及び良心の自由を侵害するものとして憲法一九条に違反し、その命令に違反したことを理由とする再雇用の拒否等は裁量権の逸脱濫用であるとして損害賠償を求めたものである。なお、最高裁では、この事件と同様の争点を有するいわゆる「君が代訴訟」が、当時、第一、第三小法廷にも係属していた。

(2)　教員は、起立斉唱行為を拒否する理由について、日本の侵略戦争の歴史を学ぶ在日朝鮮人、在日中国人の生徒に対し、「日の丸」や「君が代」を卒業式に組み入れて強制することは、教員としての良心が許さず、これらが戦前の軍国主義等との関係で一定の役割を果たしたとする自己の歴史観ないし世界観から生ずる社会生活上ないし教育上の信念を否定するものであり、思想及び良心の自由を侵すものとして憲法一九条に違反するという主張を展開している。

このような内心の自由の制約に繋がる職務命令について、憲法一九条違反に関する合憲性審査をどのような判断の枠組みで考えるのかについては、表現の自由のような外部的行動の規制・制約とは異なる面があり、合憲性審査の基準が改めて問題となる。

## 2　本判決による合憲性審査基準

(1)　本判決（法廷意見）は、まず、①本件職務命令は、教員の前記の歴史観ないし世界観それ自体を否定するものではなく、これによる起立斉唱行為は、特定の思想又はこれに反する思想の表明として外部から認識されるものと評価することは困難であるから、個人の思想及び良心の自由を直ちに制約するものとは認められないとした。その上で、②起立斉唱行為は、国旗及び国歌に対する敬意の表明の要素を含む行為であり、教員の歴史観等に由来する行動（敬意の表明の拒否）と異なる外部的行為（敬意の表明の要素を含む行為）を求められるので、その限りで、その者の思想及び良心の自由の間接的な制約となる面があることは否定できないとした。続いて、③このような間接的な制約が許容されるか否かは、職務命令の目的及び内容並びに制限を介して生ずる制約の態様等を総合的に較量して、当該職務命令に前記制約を許容し得る程度の必要性及び合理性が認められるか否かという観点から判断するのが相当であるとし、「必要性及び合理性の有無」を判断基準とする旨を判示した。④これを前提にすると、本件職務命令は、公立高校の卒業式における慣例上の儀礼的な所作として起立斉唱行為を求めるものであり、儀式の意義、あり方等を定めた関係法令等の諸規定の趣旨に沿い、かつ教育上の行事にふさわしい秩序の確保等を図るものであるから、職務命令の目的及び内容並びに制限を介して生ずる制約の態様等を総合較量すれば、制約を許容し得る程度の必要性及び合理性が認められると結論づけている。

⑵　本判決の示した合憲性審査基準は、結局のところ、教員の思想及び良心の自由を間接的に制約することになる不利益と、本件職務命令の目的及び内容、制約の態様等により得られる卒業式における君が代斉唱等が整然と行われる利益とを比較考量したものといえる。しかしながら、基本的人権（特に精神的自由）を制限する法令等の合憲性審査で用いられてきた、「利益衡量」、「厳格な基準」等の用語は示されておらず、「必要性及び合理性の有無」という表現で審査の基準・判断の枠組みが語られている。その理由は、次のような点にあるのであろう。

本件職務命令が教員の思想・信条それ自体を直接制限する行為を命ずる場合や、歴史観等の思想等に反する特定の思想等を表明する行為を命ずる場合は、典型的な憲法一九条の内心の自由を侵害するものであり、原則として、直ちに違憲というべきであろう。しかしながら、法廷意見が述べるとおり、本件職務命令は、教員の思想及び良心の自由の間接的な制約となるものである。そして、このような個人の思想・信条に由来する行動とは相反する意味を持つ外部的行動を命ずる場合、間接的な制約といっても、各人の思想等が命令によって制約される程度は、法廷意見が本件事案で言及しているとおり、制約の内容、態様等の諸事情によって程度が異なってくるという性質のものである。「必要性及び合理性の有無」という判断基準は、これらを緩く捉えれば足りる場合もあり、精神的自由の規制の合憲性審査とほぼ同様の厳しい利益・損失の比較考量を必要とする場合もあるのであって、諸要素の総合較量によるのはやむを得ないところもあるため、場合に応じた柔軟な処理を可能とする基準を示したものである。

## 3 合憲性の判断枠組みを明確化する試み〜私の補足意見

(1) 本判決の法廷意見が採用した「必要性及び合理性の有無」という判断枠組みについては、その有無の認定方法は極めて抽象的な周辺事情の羅列にとどまっており、必要性・合理性を実質的に検証しなかった、という批判も見られる。確かに、必要性及び合理性の有無は、内容・程度に幅のある規範的概念であるから、それが適正な判断を行うための枠組みとして十分に機能し得るかについては、異論のあり得るところでもあり、「周辺事情の羅列」という批判もその点を問題にしていると思われる。

私の補足意見は、このような批判ないし懸念をいささかなりとも和らげ、内心の自由の特殊性とその規制の程度等を踏まえ、さらに判断枠組みを明確にするために説明を付加したものである。法廷意見がそれを意識して作成されたか否かは別として、法廷意見の根底にある見方を示していると考えるものである。

それは、次のような構成となっている。

『私は、法廷意見に補足して、本件職務命令に対する合憲性審査の視点について、また、本件のような国旗及び国歌をめぐる教育現場での対立の解消に向けて、私見を述べておきたい。

1　本件職務命令に対する合憲性審査の視点について

(1)　憲法一九条が保障する「思想及び良心の自由」の意味については、広く人の内心の活動全般をいうとする見解がある。そこでは、各人のライフスタイル、社会生活上の考えや嗜好、常識的な物事の是非の判断や好悪の感情まで広く含まれることになろう。もちろん、このような内心の活動が社会生活において一般に尊重されるべきものであることは了解できるところではあるが、これにも憲法一九条の保障が及ぶとなると、これに反する行為を求めることは個人の思想及び良心の自由の制約になり、許されないということになる。しかしながら、これでは自分が嫌だと考えていることは強制されることはないということになり、社会秩序が成り立たなくなることにもなりかねない。したがって、ここでは、基本的には、信仰に準ずる確固たる世界観、主義、思想等、個人の人格形成の核心を成す内心の活動をいうものと解すべきであろう。本件の上告人についていえば、「日の丸」や「君が代」が戦前の軍国主義等との関係で一定の役割を果たしたとする上告人自身の歴史観ないし世界観（以下「上告人の歴史観等」という。）がこれに当たるであろう。そして、このような思想及び良心の自由は、内心の領域の問題であるので、外部からこれを直接制約することを許さない絶対的な人権であるとされている。これを直接制約する行為というのは、性質上余り想定し難いところではあるが、例を挙げれば、個人の思想を強制的に変えさせるために思想教育を行うことなどがあろう。

このように、個人の思想及び良心の自由としての歴史観ないし世界観は、内心の領域の問題ではあるが、現実には、それにとどまらず、歴史観等に根ざす様々な外部的な行動となって現れるところである。その中には、各人の歴史観等とは切り離すことができない不可分一体の関係にあるものがあり、これも歴史観等とともに憲法上の保障の対象となり、これを直接的に制約しあるいはこれに直接反する行為を命ずること（例えば、本件では上告人の歴史観等を否定しあるいはこれに直接反する見解の表明行為に参加することを命ずることなど）も、同様に憲法一九条により禁止されると解してよいであろう。

そうすると、この歴史観等及びこれと不可分一体の行動（以下これらを「核となる思想信条等」という。）が憲法一九条による直接的、絶対的な保障の対象となるのである。

(2)　次に、核となる思想信条等に由来するものではあるが、それと不可分一体とまではいえない種々の考えないし行動というものが現実にはあり（以下、これが外部に現れることから「外部的行動」という。）、これが他の規範との関係で、何らかの形で制限されあるいはこれに反する行為を命ぜられることがあろう。このような制限をする行為（以下「制限的行為」という。）がどのような場合に許されるのかが次に問題になる。

本件において、上告人の起立斉唱行為の拒否という外部的行動は、特に在日朝鮮人・在日中国人の生徒に対し、「日の丸」・「君が代」を卒業式に組み入れて強制するべきでないと考え、教師の信念として起立斉唱行為を拒否する考えないし行動であるところ、これは、上告人の「日の丸」・「君が代」に関する歴史観等そのもの、あるいはそれと不可分一体のものとまではいえないが、それに由来するものである（仮に、これも不可分一体であるとなると、それはおよそ制限を許さない不可侵なものということになるものと考える。）。他方、本件職務命令は外部的行動に反する制限的行為となるから、その許否が検討されることになる。

(3)　一般に、核となる思想信条等に由来する外部的行動には様々なものがあるが、本人にとっては、そのような外部的行動も、すべて核となる思想信条等と不可分一体であると考え、信じていることが多いであろう。そのような主観的な考え等も一般に十分に尊重しなければならないものであり、この内心の領域に踏み込んで、その当否、評価等をすべきでないことは当然である。もっとも、憲法一九条にいう思想及び良心の自由の保障の範囲をどのように考えるかに際しては、このような外部的行動を憲法論的な観点から客観的、一般的に捉え、核となる思想信条等との間でどの程度の関連性があるのかを検討する必要があるというべきである。これが客観的、一般的に見て不可分一体なものであれば、もはや外部的行動というよりも核となる思想信条等に属し、前述のとおり、憲法一九条の直接的、絶対的な保障の対象となるが、そこまでのものでないものもあり、その意味で関連性の程度には差異が認められることになる。これを概念的に説明すれば、この外部的行動（核となる思想信条等に属するものを除いたもの）は、いわば、核となる思想信条等が絶対的保障を受ける核心部分とすれば、それの外側に存在する同心円の中に位置し、核心部分との遠近によって、関連性の程度に差異が生ずるという性質のものである。そして、この外部的行動は、内側の同心円に属するもの（核となる思想信条等）ではないので、憲法一九条の保障の対象そのものではなく、その制限をおよそ許さないというものではない。また、それについて制限的行為の許容性・合憲性の審査については、精神的自由としての基本的人権を制約する行為の合憲性の審査基準であるいわゆる「厳格な基準」による必要もない。しかしながら、この外部的行動は核となる思想信条等との関連性が存在するのであるから、制限的行為によりその間接的な制約となる面が生ずるのであって、制限的行為の許容性等については、これを正当化し得る必要性、合理性がなければならないというべきである。さらに、当該外部的行動が核心部分に近くなり関連性が強くなるほど間接的な制約の程度も強くなる関係にあるので、制限的行為に求められる必要性、合理性の程度は、それに応じて高度なもの、厳しいものが求められる。他方、核心部分から遠く関連性が強くないものについては、要求される必要性、合理性の程度は前者の場合よりは緩やかに解することになる。そして、このような必要性、合理性の程度等の判断に際しては、制限される外部的行動の内容及び性質並びに当該制限的行為の態様等の諸事情を勘案した上で、核となる思想信条等についての間接的な制約となる面がどの程度あるのか、制限的行為の目的・内容、それにより得られる利益がどのようなものか等を、比較考量の観点から検討し判断していくことになる。

なお、さきに述べたように、このような比較考量は、本人の内心の領域に立ち入って、本人が主観的に思想として確信しているものについて思想としての濃淡を付けたり、ランク付けしたりするものではなく、飽くまでも外部的行動が核となる思想信条等とどの程度の関連性が認められるかという憲法論的観点からの客観的、一般的な判断に基づくものにとどまるものである。例を挙げれば、最高裁平成一六年（行ツ）第三二八号同一九年二月二七日第三小法廷判決・民集六一巻一号二九一頁における事案のように、本件の上告人と同様の歴史観等（核となる思想信条等）を有する市立小学校のピアノ教師が、自己の信念として卒業式等で「君が代」

のピアノ伴奏をすべきではないとし、それを拒否するという外部的行動と、本件の起立斉唱行為の拒否という外部的行動を比べると、各人の内心における信念としては、いずれも各人の歴史観等と不可分一体のものと考えているものと思われ、そのこと自体は、十分に尊重に値するが、核となる思想信条等としての歴史観等との憲法論的な観点からの客観的、一般的な関連性については、本件起立斉唱行為の拒否の方が、後述のとおり、「日の丸」・「君が代」に対する敬意の表明という要素が含まれている行為を拒否するという意味合いを有することなどからみて、関連性がより強くなるものということになろう。

(4) 本件の上告人の上記の「日の丸」等に関する外部的行動(起立斉唱行為の拒否)は、上告人の歴史観等(核となる思想信条等)に由来するものであるが、上記(3)で述べた趣旨において、それとの関連性は強いが不可分一体とまではいえないというべきである(……)。

また、上告人は、儀式的行事において行われる「日の丸」・「君が代」に係る起立斉唱行為のように、公的な式典において本人が意図せぬ一定の行為を他の公的機関から強制されるのは自己の信念に反し苦痛であるという趣旨の主張もしているが、これは、いわゆる反強制的信条(前記最高裁判決における藤田裁判官の反対意見参照)というべきものの一つであろう。このような反強制的信条は、それが、上告人の個人的な卒業式の在り方についての観念や、そもそも教育の場で教師として一定の行動を他から強制されることへの強い嫌悪感ないし否定的な心情のようなものである場合もあろう。そうであれば、これらは、前記のとおり、個人の内心の活動に属する問題であり、一教師としてあるいは個人としての立場から尊重され得る事柄ではあるが、憲法上の絶対的な保障の対象となる思想及び良心の自由の領域そのものの問題ではない。もっとも、このような観念等は、上告人の歴史観等の核となる思想信条等と関連性があり、それに由来するものであると解する余地がある。その場合には、上告人の起立斉唱行為の拒否という外部的行動と同じ観点から制約の許容性が検討され、その結果、同様の判断となるのである。

(5)　ところで、本件職務命令が求める起立斉唱行為は、国旗・国歌である「日の丸」・「君が代」に対し多かれ少なかれ敬意を表する意味合いが含まれており、その点において、本件職務命令は、上告人の歴史観等それ自体を否定するような直接的な制約となるものとはいえないが、その間接的な制約となる面があり、また、その限りにおいて上告人の上記の反強制的信条ともそごする可能性があるものである。しかしながら、法廷意見の述べるとおり、起立斉唱行為は、学校行事における慣例上の儀礼的な所作としての性質を有し、外部から見ても上告人の歴史観等自体を否定するような思想の表明として認識されるものではなく、他方、起立斉唱行為の教育現場における意義等に十分認められるのであって、本件職務命令は、憲法上これを許容し得る程度の必要性、合理性が認められるものと解される。

2　本件のような国旗及び国歌をめぐる教育現場での対立の解消に向けて

(1)　職務命令として起立斉唱行為を命ずることが違憲・無効とはいえない以上、これに従わない教員が懲戒処分を受けるのは、それが過大なものであったり手続的な瑕疵があった場合等でない限り、正当・適法なものである。しかしながら、教員としては、起立斉唱行為の拒否は自己の歴史観等に由来する行動であるため、司法が職務命令を合憲・有効として決着させることが、必ずしもこの問題を社会的にも最終的な解決へ導くことになるとはいえない。

(2)　一般に、国旗及び国歌は、国家を象徴するものとして、国際的礼譲の対象とされ、また、式典等の場における儀礼の対象とされる。我が国では、以前は慣習により、平成一一年以降は法律により、「日の丸」を国旗と定め、「君が代」を国歌と定めている。入学式や卒業式のような学校の式典においては、当然のことながら、国旗及び国歌がその意義にふさわしい儀礼をもって尊重されるのが望まれるところである。しかしながら、我が国においては、「日の丸」・「君が代」がそのような取扱いを受けることについて、歴史的な経緯等から様々な考えが存在するのが現実である。

国旗及び国歌に対する姿勢は、個々人の思想信条に関連する微妙な領域の問題であって、国民が心から敬愛するものであってこそ、国旗及び国歌がその本来の意義に沿うものとなるのである。そうすると、この問題についての最終解決としては、国旗及び国歌が、強制的にではなく、自発的な敬愛の対象となるような環境を整えることが何よりも重要であるということを付言しておきたい。』

(2)　以上の私の補足意見の考え方を図解すると、次頁の「思想・信条を制約・侵害する行為と合憲性の判断の関係図」のようになる。

図示したように、内心の核心部分との関連性の度合い（思想・信条の自由に及ぼす制約の程度）に応じて、当該行為（当該行動とは相反する外部的行動を命ずること）がもたらす間接的な制約を正当化し得る程度の必要性と合理性が認められるか否かという比較考量の観点から、憲法適合性を判断することになる。すなわち、核心の周辺部分への間接的な制約の中でも、核心部分に近いものについては、核心部分への関連性が高いものとして、これを正当化し得る必要性・合理性には相当高度のものが求められるが、核心部分から遠いものについては、関連性が低いものとして、必要性・合理性についてはより緩やかに解することとなろう。

(3)　内心の自由を制約する法令等の合憲性審査を真正面から論じた最高裁判決は、これまで、昭和三一年七月四日大法廷判決・民集一〇巻七号七八五頁（謝罪広告事件）及び平成一九年二月二七日第三小法廷判決・民集六一巻一号二九一頁（君が代訴訟・ピアノ伴奏事件）を数える程度であり、今後の判例の積み重ねにより判断の枠組みが肉付けされ、説得力を増していくことが期待されるところである。

思想・信条を制約・侵害する行為と合憲性の判断の関係図

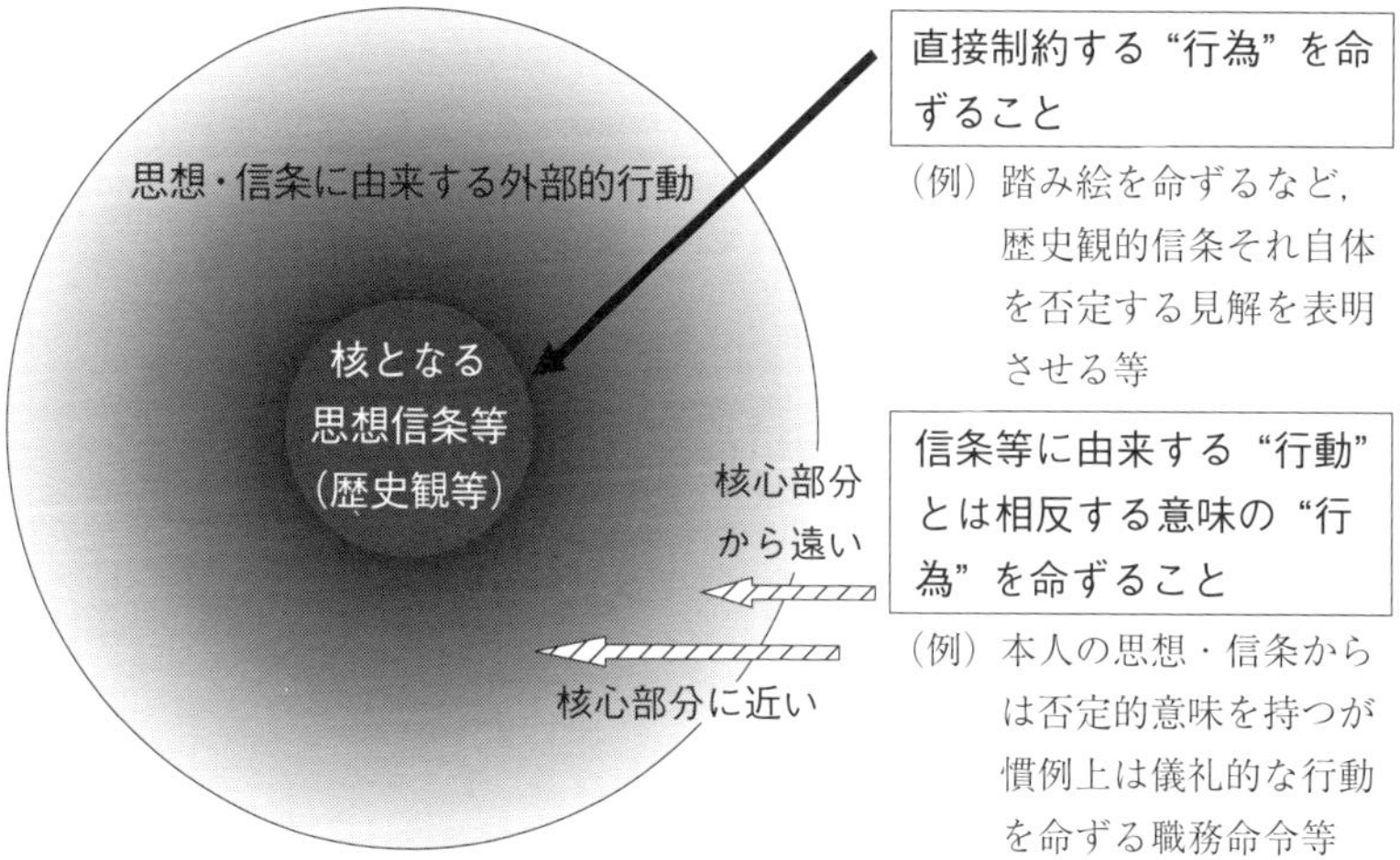


←の“行為”は、思想・信条の自由を直接制約・侵害するもので、それだけで原則として違憲となる。

⇐の“行動”には、様々なものがあるが、それが核心部分に近くなるにつれて、“行為”がもたらす思想・信条の自由の制約の程度が強くなり、核心部分から遠くなれば、その逆で弱くなる。

なお、本件により合憲性の問題は決着したが（前記のとおり、本件判決の当時、同様の訴訟が第一、第三小法廷にも係属していたが、同一の論点についてほぼ同じ時期に同じような憲法判断を示しており、最高裁としての見解は出そろったものとなっている。）、私の補足意見には、「本件のような国旗及び国歌をめぐる教育現場での対立の解消に向けて」という付言が加えられている。紛争の解決を図る司法部としては、むなしく訴訟が繰り返される状況が続くのではなく、この問題を、社会的にも最終的な解決へ導くように、広い視野からの関係者の工夫と努力を期待したいと考えている。

# Ⅶ　参議院議員定数訴訟大法廷判決と参議院の憲法上の位置付け

## 1　はじめに

衆議院議員定数訴訟は、本書Ⅰ（三頁以下）の【衆議院議員定数訴訟の行方】で紹介したように、昭和五一年四月一四日大法廷判決（民集三〇巻三号二二三頁）により認められた訴訟類型であるが、参議院議員定数訴訟も、これに倣って、昭和五八年四月二七日大法廷判決（民集三七巻三号三四五頁）が、投票価値の平等が憲法上保障されていることを前提に認めたものである（それ以前の判決は、この前提を明示的に判示した上での判断ではなかった。）。

ところで、参議院議員定数訴訟については、後掲（一四一頁）の一覧表記載のように、これまで多くの最高裁判例が積み上げられてきたが、平成一八年一〇月四日大法廷判決・民集六〇巻八号二六九六頁（多数意見。以下すべての大法廷判決について同じ）以降は、投票価値に較差を生じさせている定数配分規定について結論として合憲としたが、いずれも、国会の対応として、投票価値の較差縮小に向けて制度の仕組みを見直す等の対応の必要がある旨を指摘する付言又は説示が加えられている。立法府において性質上広い立法裁量が認められるはずの選挙制度の仕組みの策定について、司法部が加えたこの付言等の意味は、司法部がそれを自覚的に意識していたかどうかはさておき、立法府に対する司法部の立ち位置、違憲立法審査権の行使の限界、現行憲法が想定していると司法部が考えている我が国の二院制のあり方等といった憲法上の重要問題を想起させるものである。

ここでは、現行憲法における参議院の位置付け・参議院議員選挙制度のあり方と、これらの点についての司法部の立ち位置等について検討してみたい。

## 2　平成二六年大法廷判決

### (1)　多数意見の趣旨

最高裁平成二六年一一月二六日大法廷判決（民集六八巻九号一三六三頁）は、平成二五年七月二一日に施行された参議院議員通常選挙について、選挙人である原告らが、選挙区選出議員の選挙の議員定数配分規定の下における選挙区間の投票価値の不均衡（最大較差四・七七倍）が憲法一四条等に違反し選挙は無効であると主張した、いわゆる参議院議員定数訴訟についてのものである。

多数意見は、前記の投票価値の不均衡は、平成二四年法律第九四号による改正後も違憲の問題が生ずる程度の著しい不平等状態にあったとしたが、前記選挙までの間にさらに定数配分規定の改正がさ

参議院議員定数訴訟についての最高裁の判例一覧

| | 判決 | | | 対象となった選挙 | | 結論 | |
|---|---|---|---|---|---|---|---|
| | 判決日 | 法廷 | 判例集等 | 選挙日 | 最大較差 | 判断 | 意見分布 |
| ① | 昭 39.2.5 | 大 | 民集 18.2.270 | 昭 37.7.1 | | ○ | 多数 11, 意見 1 |
| ② | 昭 41.5.31 | 3 | 集民 83.623 | 昭 37.7.1 | | ○ | 多数 3, 意見 1 |
| ③ | 昭 49.4.25 | 1 | 集民 111.641 | 昭 46.6.27 | | ○ | 法廷 5 |
| ④ | 昭 58.4.27 | 大 | 民集 37.3.345 | 昭 52.7.10 | 5.26 | ○ | 多数 10, 意見 2, 反対 2 |
| ⑤ | 昭 61.3.27 | 1 | 集民 147.431 | 昭 55.6.22 | 5.37 | ○ | 多数 3, 意見 1 |
| ⑥ | 昭 62.9.24 | 1 | 集民 151.711 | 昭 58.6.26 | 5.56 | ○ | 法廷 5 |
| ⑦ | 昭 63.10.21 | 2 | 集民 155.65 | 昭 61.7.6 | 5.85 | ○ | 多数 4, 反対 1 |
| ⑧ | 平 8.9.11 | 大 | 民集 50.8.2283 | 平 4.7.26 | 6.59 | △ | 多数 8, 意見 1, 反対 6 |
| ⑨ | 平 10.9.2 | 大 | 民集 52.6.1373 | 平 7.7.23 | 4.97 | ○ | 多数 9, 意見 1, 反対 5 |
| ⑩ | 平 12.9.6 | 大 | 民集 54.7.1997 | 平 10.7.12 | 4.98 | ○ | 多数 10, 反対 5 |
| ⑪ | 平 16.1.14 | 大 | 民集 58.1.56 | 平 13.7.29 | 5.06 | ○ | 多数 9, 反対 6 |
| ⑫ | 平 18.10.4 | 大 | 民集 60.8.2696 | 平 16.7.11 | 5.13 | ○ | 多数 10, 反対 5 |
| ⑬ | 平 21.9.30 | 大 | 民集 63.7.1520 | 平 19.7.29 | 4.86 | ○ | 多数 10, 反対 5 |
| ⑭ | 平 24.10.17 | 大 | 民集 66.10.3357 | 平 22.7.11 | 5.00 | △ | 多数 12, 反対 3 |
| ⑮ | 平 26.11.26 | 大 | 民集 68.9.1363 | 平 25.7.21 | 4.77 | △ | 多数 11, 反対 4 |

最大較差欄の数値は，各選挙当時の選挙人数に基づくものである。
④以降の判決が，投票価値の不平等を憲法 14 条等の問題として捉えた今日に続く定数訴訟判決である。

【判断】○合憲
　　　　△違憲状態・合憲

れなかったことをもって国会の裁量権の限界を超えるものとはいえないとして、結論として合憲の判断を示した。しかし、前記の投票価値の較差是正のため国会が参議院選挙制度の仕組みを見直す点に関しては、次のような趣旨の説示を加えている。

国民の意思を適正に反映する選挙制度が民主政治の基礎であり、参議院議員の選挙制度における投票価値の平等が憲法上の要請であることや、国政の運営における参議院の役割等に照らせば、より適切な民意の反映が可能となるよう、従来の改正のように単に一部の選挙区の定数を増減することにとどまらず、国会において、都道府県を単位として各選挙区の定数を設定する現行の方式をしかるべき形で改めるなどの具体的な改正案の検討と集約が着実に進められ、できるだけ速やかに、現行の選挙制度の仕組み自体の見直しを内容とする立法措置によって違憲の問題が生ずる前記の不平等状態が解消される必要があるというべきである。

(2) **私の補足意見**

この判決に付した私の補足意見は、次のようなものである。

『私は、多数意見において、本件選挙までに法改正による違憲状態の是正がされなかったことが国会の裁量権の限界を超えるものということはできないとしたことに関連して、次のとおり私見を付加しておきたい。

1 (1) 最高裁判所大法廷（多数意見）は、最近三回の参議院議員定数訴訟（多数意見の引用

する平成一八年大法廷判決、平成二一年大法廷判決及び平成二四年大法廷判決）において、いずれも、選挙区間の投票価値の不平等状態が生じている議員定数配分規定についての合憲性審査を行い、結論としては、国会における裁量権の限界を超えたものと断ずることはできず合憲であるとしながらも、国会の対応として、投票価値の較差縮小に向けて制度の仕組みを見直す必要がある旨を指摘する付言又は説示を加えている。

具体的には、平成一八年大法廷判決と平成二一年大法廷判決は、いずれも、投票価値の較差につき違憲の問題が生ずる程度の著しい不平等状態（以下「違憲状態」という。）に至っているとの判断は示していないが、前者の判決は、なお書きにおいて、今後も、国会においては、人口の偏在傾向が続く中で、これまでの制度の枠組みの見直しをも含め、投票価値の較差をより縮小するための検討を継続することが憲法の趣旨に沿うものというべきである旨を付言しており、また、後者の判決は、較差の大幅な縮小のためには、各選挙区の定数を振り替える措置によるだけでなく、制度の仕組み自体の見直しが必要であり、国会において速やかに適切な検討が行われることが望まれる旨を付言している。

(2)　ところで、憲法秩序の下における司法権と立法権との関係に照らすと、司法部により議員定数の配分が違憲状態であるとされた場合は、早期にその是正を図るための措置を執ることは、国会としての憲法上の責務というべきである。他方、違憲状態にまでは至っていないとされた場合には、較差の是正が責務となっているとまではいえないが、投票価値の平等を目指すことは憲法の趣旨に沿うものであるから、国会としては、あるべき選挙制度を考えていく過程で較差の縮小を検討していくべきであり、また、そのような対応で足りよう。そうすると、司法部が上記二件の大法廷判決において国会に対して一定の対応を求める付言を加えたことの意味が問題になる。

この点は、三権の一翼を担う司法部として、「国民の意思を適正に反映する選挙制度が民主政治の基盤であり、投票価値の平等が憲法上の要請であること」（平成二一年大法廷判決理由5参照）を重要な前提にして、大きな較差が長期間にわたって継続し、その是正措置が進んでいないという状況を踏まえ、国会に対しその縮小を検討すべき較差が存在していることを、警告的な意味で注意喚起したものといえる。

(3)　他方、上記三件目の平成二四年大法廷判決では、国会において投票価値の較差縮小に向けて制度の仕組みを見直す必要がある旨を指摘するという説示を加えているが、その憲法上の意味は大きく異なるものである。すなわち、平成二四年大法廷判決は、対象となる選挙時点での投票価値の不均衡は、もはや看過し得ない程度に達し、違憲状態に至っていたとしている。もっとも、これを是正するために必要とされる期間や是正に向けた国会の取組の状況等から、対象となる選挙時点までに定数配分規定を改正しなかったことが国会の裁量権の限界を超えたとはいえないので結論としては定数配分規定が違憲であるとまではしなかったものの、当時の投票価値の較差が違憲状態であるという厳しい判断を示しているのである。そうすると、国会としては、平成二四年大法廷判決によって早期にその是正を図るべき憲法上の責務を負ったものであり、司法部の上記の説示は、もはや単なる注意喚起ではなく、国会の裁量権行使の方向性に言及した上で、国会に対してこの憲法上の責務を合理的期間内に果たすべきことを求めたものというべきである。そして、国会は、この時点で、較差是正の憲法上の責務を負っていることを知ったといえるので、以後この方向での立法裁量権を行使していかなければならないこととなる。

2(1)　国会においては、平成二四年大法廷判決の対象である平成二二年七月施行の参議院議員通常選挙後である同二四年八月に公職選挙法の一部改正法案（平成二四年改正法案）が提出され、そこではいわゆる四増四減の改定案が採られたが、これによっても同二二年一〇月実施の国勢調査結果に基づく選挙区間における議員一人当たりの人口の最大較差は一対四・七五にとどまり、是正策としては不十分なものであった。平成二四年大法廷判決は、同年一〇月一七日に言い渡され、最大較差一対五・〇〇を違憲状態としたが、国会は、その判決の結果を認識した後である同年一一月一六日にそれ以上の手を加えることなくこの法案を平成二四年改正法として成立させている。そうすると、平成二四年改正法を成立させたということは、平成二四年大法廷判決が国会に対して示した較差是正のための憲法上の責務を踏まえて、国会において一定の対応をしたものといえる。

そこでの四増四減の措置は、平成二四年大法廷判決の理由4(3)後段で「単に四選挙区で定数を四増四減するものにとどまる」との評価が既にされていたものであるが、改正法の附則三項の「(検討)」においては、「平成二八年に行われる参議院議員の通常選挙に向けて、参議院の在り方、選挙区間における議員一人当たりの人口の較差の是正等を考慮しつつ選挙制度の抜本的な見直しについて引き続き検討を行い、結論を得るものとする。」とされている。この附則の意味は、平成二四年大法廷判決が早期の是正措置を執るべきことを憲法上の責務として示したことを受けて、国会が、上記四増四減の当面の暫定措置のほか、自ら期限を切って、憲法上の責務を果たすという意思を表明したものであり、事柄の重大性等に鑑み、国会として司法部の憲法判断に真摯に対応することを宣明したものとして、高く評価されるべきものというべきである。

(2) 本件選挙は、平成二四年改正法の成立の約九か月後に施行され、そこでの投票価値の較差は、本件の多数意見の判示するとおり、依然として違憲状態にあるといわざるを得ないが、国会は、既に自ら期限を切って憲法上の責務の履行として是正措置を執ることを上記附則において宣明したのであり、その結果、都道府県を単位として各選挙区の定数を設定する現行の方式をしかるべき形で改めるなど、現行の選挙制度の仕組み自体の見直しを内容とする立法的措置を講じ違憲状態を解消する対応を採ることが、法的に義務付けられている状態（更にいえば自ら法的に義務付けた状態）にあるといえよう。

現時点では、参議院の選挙制度協議会等で平成二八年の参議院議員通常選挙から新選挙制度を適用するとの「工程表」に基づき、選挙制度の仕組みの見直しに向けた検討が行われているが、この点については憲法における二院制の本質的な機能・役割を踏まえた参議院の在り方、そして、今日の社会的・政治的状況を踏まえた衆参両議院議員の選挙制度等のあるべき姿など制度の本質的な点をも含む検討をも行うのであれば十分な検討時間を確保する必要があろう（そのためには、選挙制度の法原理的観点からの吟味、二院制に関する政治哲学、諸外国の二院制議会の現状分析と評価、グローバルな視点を保持した上での我が国の社会や産業等の構造的な分析等を踏まえた上で、二院制に係る憲法の趣旨や参議院の役割・機能を捉えた制度設計が求められるものというべきである。この点につき、平成二四年大法廷判決の当職の補足意見参照）。しかし、平成二四年大法廷判決及び本件大法廷判決の判示を受けた後は、平成二四年改正法附則三項は、遅くとも、平成二八年の参議院議員通常選挙の施行までの間に、少なくとも、投票価値の較差是正という違憲状態解消のための制度的見直しを実現していくことを最優先事項としたものと思われる。そして、これは、紛れもなく、憲法上の責務の履行であるから、このことをしっかりと踏まえた着実な対応，すなわち制度の見直しの実現が求められるところである。

3(1) 多数意見は，判決理由2(5)において，本件選挙後の事情として，上記工程表を踏まえ，参議院の選挙制度協議会等における選挙制度の仕組みの見直しをめぐる検討状況を摘示し，判決理由4(2)イでは，このような国会での検討は，平成二四年大法廷判決の趣旨に沿った方向で進められていたと判示した上で，これらの事情をも考慮した上で，本件選挙までに較差是正がされなかったとしても国会の裁量権の限界を超えるものではないと結論付けている。ここで摘示されている本件選挙後の国会の検討状況は，本件選挙時点を合憲性判断の基準時とする以上，基準時後の事情であって，本来その判断における直接の考慮要素にはならない。しかし，上記摘示の事情は，本件選挙前に示されていた上記工程表が，単に形だけのものではなく，その後も引き続きそれに従った検討が続けられてきていることからして，当初から国会としては平成二四年大法廷判決の趣旨に沿った較差是正の姿勢を有していたことの裏付けとなるものであり，そのような間接的な事情として参酌されるものといえる。他方で，これから行われる是正のための努力も含め，平成二四年改正法附則三項に基づく制度改正のための国会における一連の検討状況とその結果としての改正内容は，次の平成二八年施行の参議院議員通常選挙における定数配分規定の憲法適合性との関係においては，違憲状態か否か，国会の立法裁量権の限界を超えるものかどうかについての司法判断の直接的な考慮要素となる重要な事項であるといえよう。

　また、本件の多数意見は、平成二四年大法廷判決と同様に、限られた議員定数の枠内では、偶数配分を前提に、都道府県を各選挙区の単位とする現行の選挙制度の仕組み自体の見直しを内容とする立法的措置によって違憲状態が解消される必要がある旨を説示しているが、この説示は、本件選挙時点の較差は、このような現行の選挙制度の仕組みの下における一部の選挙区の定数の増減によってでは違憲状態が解消されない程度の大きなものとなっていることを示したものであり、逆にいえば、違憲状態の評価を脱するためには現状の較差の大幅な縮小がされなければならないのである。

　なお、参議院の選挙区選出議員の選挙制度については、衆議院議員の選挙とは異なり、都道府県を単位とする地域代表的な性格を有するものとすることに合理性があり、半数改選という憲法上の要請を踏まえて定められた偶数配分等を前提とする以上、選挙区間である程度の投票価値の較差が生ずるのはやむを得ないとする見解がないではない。しかし、参議院議員の選挙制度には地域代表的性格を保有させるべきであるという見解は、政策的観点からは相応の合理性は認められるが、それは憲法上の要請ではなく、投票価値の平等という憲法上の原則を支える人口比例原則に優越するものではないというべきである（この点につき、平成二四年大法廷判決の当職の補足意見参照）。

(2)　平成二四年改正法附則三項に基づく制度改正においては、これらの点を十分に考慮に入れた国会の適切な裁量権の行使が求められるところであり、私としては、国権の最高機関たる国会において、自ら設定した期限までに制度の仕組みの見直しを内容とする抜本的な改革がされることを、今後の進捗状況を含めて期待をもって注視していきたいと考えている。』

## 3　平成二六年大法廷判決が加えた説示の憲法上の意味

(1)　前記のとおり、平成一八年大法廷判決及び平成二一年大法廷判決（平成二一年九月三〇日・民集六三巻七号一五二〇頁）は、いずれも、選挙区間の投票価値の較差については、結論として、国会における立法裁量権の限界を超えたものと断ずることはできず合憲としているにもかかわらず、私の補足意見で紹介したように、較差縮小に向けた取組みを促す付言ないし説示を加えている。これは、国会においては、是正のための憲法上の責務を負ったわけではなく、その裁量で対処すべき状態であるが、事柄の重要性や長期間にわたり是正が進んでいない状況があるため、将来、憲法違反の状態になることのないように、予め警告的な意味での注意喚起をしたに止まるものである（ある意味では異例なものであって、これまで司法部がこのような対応をした例は見当たらないはずである。）。

(2)　ところが、前記の私の補足意見で紹介したとおり、平成二四年大法廷判決（平成二四年一〇月一七日・民集六六巻一〇号三三五七頁）における付言は、表現上は従前の指摘と大差はないが、制度の見直しが必要である点を明確に指摘している。今回の平成二六年大法廷判決が加えた説示も、これと全く同様のものである。そして、これらは、いずれも、較差が看過できない程度に達し、違憲状態であるという判断に付加してされており、国会に対し早期の是正の責務を生じさせるものであって、定数配分規定自体を違憲とはしていないものの、このような違憲状態の宣明と国会に対する早期是正の促しは、性質上、最高裁による違憲立法審査権の行使ないしそれに付随する作用という性格を有するものと位置付けるべきものであろう。

⑶　嫡出でない子の相続分違憲大法廷決定（平成二五年九月四日・民集六七巻六号一三二〇頁）は、違憲判断をした決定の先例としての事実上の拘束力の点について、既に解決した形になっているものには及ばないとして、その効果の及ぶ範囲を一定程度制限する旨の「遡及効の判示」をしているが、そこでの私の補足意見（本書八一頁以下参照）が指摘したとおり、この処理は、最高裁の違憲立法審査権に性質上内在する、あるいはこれに付随する権能ないし作用であると考えている。

そして、今回の平成二六年大法廷判決に説示が付加されたことについて、この見解と整合的に説明すると、次のようになるであろう。

これらは、単なる「違憲状態・合憲判決」と比べて、「従来の改正のように単に一部の選挙区の定数を増減するにとどまらず、国会において、都道府県を単位として各選挙区の定数を設定する現行の方式をしかるべき形で改めるなどの具体的な改正案の検討と集約が着実に進められ、……現行の選挙制度の仕組み自体の見直しを内容とする立法的措置によって……不平等状態が解消される必要がある」と述べ、立法府に対し、立法裁量権の行使が一定の方向性で行われるべき憲法上の責務があることを具体的、明示的に示したものである。それは、合憲性の判断という観点からは、定数配分規定について、今回は、違憲という判断をすることについてのいわば「一定期間の猶予」を示した上で、これまでの改正とは異なる仕組みで改正を行うことを求めたものといえるものである（なお、これら平成二四年大法廷判決及び平成二六年大法廷判決の各説示は、言渡しの際に報道機関等外部に対する広報用として作成・配布された「判決理由骨子」及び「多数意見要旨」には取り上げられているが、最高裁判所民事判例集においては、判決要旨として採られてはいない。おそらく、平成一八年大法廷判決、平成二一年大法廷判決の付言等の処理に倣ったものであろうが、その性質を踏まえれば、要旨として登載すべきであったと考える。）。

(4) このように、最高裁の違憲立法審査権の行使の内容・態様は、遡及効の判示や、立法的な対処の必要性についての説示といったように、事柄の性質や必要性等に応じて、適宜の形式を採っており、また、採ることができることを示したものであると考えている。

## 4 人口比例原則と地域代表制との相克～両者の目指すゴールへの途に交差点はあるのか？

(1) 衆議院議員選挙制度においては、現行の小選挙区制において、最高裁は選挙区間の投票価値の平等との観点から、許容される較差について、近年、厳しい態度をとるようになってきており、基本的には人口比例原則に従った選挙区割りを行うべきことを判示してきている。そのこととの関係で、参議院議員選挙制度については、人口比例原則によるとなると、大都市からの選出議員が多くなり、地方の声が国会に届きにくくなる等として、そこでは地域代表制的な性格付けを行い、それを考慮して許容し得る投票価値の較差の程度を緩く解するべきである、とする見解も見られる。

この点については、前記の私の補足意見3(1)（一四八頁以下参照）では、参議院の選挙区選出議員の選挙に地域代表的性格を保有させることは憲法上の要請ではなく、憲法の趣旨に沿う人口比例原則に優越するものではないとし、主として、憲法論的な観点からの見解を述べている。

また、本書Ⅰ（三頁以下）の【衆議院議員定数訴訟の行方】で紹介した平成二七年衆議院議員選挙訴訟大法廷判決における私の補足意見の中の「3　人口比例原則と地方（過疎地域）への配慮」（本書二一頁以下）の項で述べているように、今日、持続的で安定した地方の発展のためには、大都市と地方との「役割分担」と「連携」の視点が極めて重要となってきており、地方の持続的な繁栄と都市の利益の増進とは、現実には相反するものではなく、地域代表制のような存在を認めることの合理的説明はし難くなっているのが実情である。地方の繁栄は、地域を代表する議員が地元のみの意向や利害状況だけから政治的な意見を国政に発信しても、それは、これまで見られた一時的で単発的な利益誘導策が示しているように、発展的で持続的なものには繋がらないことに留意すべきであろう。

(2)　さらには、前記**3**(2)で言及した平成二四年参議院議員定数訴訟大法廷判決の**私の補足意見**では、次のような点を指摘している。

『私は、多数意見に賛同するものであるが、参議院議員選挙制度と人口比例原則との関係及び二院制に係る憲法の趣旨と投票価値の較差が許容される場合について、次の点を補足しておきたい。

1　参議院議員選挙制度と人口比例原則について

(1)　我が国は、全国的に均質性の高い中央集権的な国家であり、広域の普通地方公共団体である都道府県についても、歴史的、社会的に地方自治の担い手として形成された、政治的・行政的にまとまりのある地方組織で、国との間の権限の分配・調整を行う余地はあるものの、連邦国家における米国の州（state）やドイツのラント（Land）のように、それ自体が固有の統治権を有する独立したものとして国家と並ぶような地方国家的存在とまではいえない。また、我が国の地方は、各地域による産業や文化、歴史、伝統等で一定の特色や個性を有しているが、それを国政レベルで別々の独立した政治的な単位として切り出して扱わなければならないような憲法上の要請はない。そもそも、我が国において、地方における政治的テーマであっても、その地方内部にとどまらず他の地域との関連や全国的な視野からの検討が必要になるものも多い（この点につき、最高裁平成二二年（行ツ）第二〇七号同二三年三月二三日大法廷判決・民集六五巻二号七五五頁における一人別枠方式の合憲性についての多数意見参照）。そうすると、国政の選挙制度を制定する場合、都道府県（ないしそれと類似する地方の地域）を一つのまとまりとして捉えて選挙区とすることには相応の合理性が認められるとしても、米国の連邦上院議員が州を代表する者として選出されるように、そこを代表する議員を選出して地域の意見として国政に反映させるものとすることは、憲法に規定があれば別であるが、それもなく、我が国の地方自治の理念が要求しているものともいい難い。さらに、我が国は、固定的な身分制度やギルドのような閉鎖的な職業別の団体制度もなく、社会の各層の間の流動化が図られており、人的な構成の観点から見ても、基本的に同質性の高い国家であるといえる。これらの点からすると、国民一人一人が国政に関わる度合いについては、その居住する地域・都道府県や帰属する社会的組織等にかかわらず、全国的に均等に扱われるべきであり、その意味で、基本的には、国政選挙におけるいわゆる投票価値の平等が要請されているといわなければならない。

(2)　これまで、参議院議員選挙においては、都道府県を各選挙区の単位とする選挙区選出の選挙が採用されているが、それは、各都道府県を代表する意見を国政にそのまま反映させるものではなく、選挙を実施する地域的範囲を画する一つの方法として選挙区を定めたものであって、相応の合理性があるものとして国会の立法裁量の範囲内の事項であるとされてきた。それを前提とする投票価値の問題としては、参議院議員選挙の制度的・技術的制約等を根拠に、衆議院議員の中選挙区ないし小選挙区における選挙と比べ、憲法上許容される較差についての幅はより広いものとせざるを得ないとされてきた。しかし、今日、大きな較差が解消されない状況が長く続く中で、多数意見は、総定数の大幅な増員は事実上不可能な状況にあることを踏まえ、都道府県を単位とする選挙区選出の制度では、投票価値の大きな較差を是正し平等を実現するためには限界があるため、それ自体の見直しが必要になるとしたものである。

そして、この都道府県を単位とする仕組み自体を見直すとすれば、今後採用されるべき選挙区については、一定の地域を選挙区として決めたとしても、それは、議員候補者の選挙運動を行う範囲ないし選挙事務を行う範囲を決めるという趣旨での地域的・組織的な単位と位置付けられることになろう。したがって、その場合は、そこでの投票価値の平等の例外を認める理由にはなり得ず、そこでも、定数配分については、原則として人口比例原則が及ぶと解すべきである。そうすると、そこに較差が生じた場合、三年ごとの半数改選への対応、人口の大都市への流入についての今後の数値予測の誤差等といった制度的・技術的な制約や、選挙制度を定める際に当然考慮され得る地理・交通、人口分布・住民構成等の諸事情に由来する範囲を超えてなおそれが許容されるのは、二院制に係る憲法の趣旨からそれが許容されると解することができるような場合に限られるといわなければならない。

(3) 憲法においては、限られた範囲について衆議院の優越を認めているが、立法を始めとする多くの事柄について参議院にも衆議院と同等の権能が与えられており、しかも、参議院には解散がなく、議員の任期も六年と長期であるため、そこでの多数派は、長年にわたり国政に対し影響力の強い権能を行使することができる仕組みともなっている。このことや衆参両院の現状等を見ると、参議院にも、衆議院と同様に、選出の過程における十分な民主的基盤を求めざるを得ないのであり、参議院議員選挙における投票価値の平等がこれまで以上に要請されることとなるものといえる。

2　二院制に係る憲法の趣旨と投票価値の較差が許容される場合について

(1)　以上のとおり、参議院議員選挙（選挙区選出）においても、基本的には人口比例原則が及ぶと解される以上、そこに一定の制度的・技術的な制約や選挙制度を定める際に当然考慮され得る諸事情に由来する範囲を超えて生じた大きな較差がなお許容されるのは、それが二院制に係る憲法の趣旨から許容されると解することができる場合に限られるというべきである。それがどのような場合かは容易には想起し難いところであるが、本件との関係でこれを検討すると、次のとおりである。

(2)　憲法は二院制を採用しており、参議院には衆議院とは異なる一定の役割・機能が想定されているはずである。この点については、衆議院は議員の任期は四年であるが、憲法上解散総選挙が規定されており、臨機に国民の声を汲み上げ攻策に反映させることが想定されているのに対し、他方、参議院は議員の任期は六年と長期で、しかも解散がない。これは、臨機の国民の声というよりも、長期的な観点からの国民の声を国政に汲み上げて、衆議院との権限の抑制、均衡を図り、政治の安定、継続性を図ることを企図したものであり、そのような二院制に係る憲法の趣旨に沿うような選挙制度が求められるところである。

その場合、参議院の議員定数配分においても、上記のとおり原則として人口比例原則が及び、その点では基本的には衆議院と異なるところはないが、そのことによって参議院議員の選出基盤が衆議院議員のそれと必然的に類似したものになるという関係にはない。人口比例原則を踏まえた上で、どのような選出基盤（それは地域を基準とするものに限られない。）や選出方法等を考えて長期的な観点からの国民の声を国政に汲み上げる選挙制度を作るかは、様々な選択肢の中から立法府が適切な裁量権を行使すべきものであろう。

(3)　ところで、現行の選挙区選出は、地域の住民を都道府県単位で捉えて国民の声を汲み上げる方法を採るものであるが、これは、衆議院の採用した方法（都道府県を細分化した地域を基本単位とする小選挙区制）と類似し、また、政党中心のマニフェスト選挙が行われていることもあり、その結果、衆議院とほぼ同様の観点から国民の声を汲み上げる結果となる可能性が大きい。特に、二つの選挙が時期を接着してされた等の場合にはなおさらである。また、上記の現行の方法は、長期的な観点からの国民の声を国政に汲み上げて、政治の安定を図ることにどの程度資することになるかは必ずしも明らかでない。そうすると、この方法は、二院制に係る憲法の趣旨を直接反映したものとまではいい難く、これにより大きな投票価値の較差が存在し継続することの合理性を説明することはできないといわなければならない。多数意見が、本件選挙当時の選挙区間の最大較差一対五・〇〇は違憲の問題が生ずる程度の著しい不平等状態に至っていたと判断したのも、以上の趣旨を踏まえてのものということができる。

(4)　また、人口の少ない地域において深刻な政治的なテーマであっても、その地域にとどまらず他の地域との関連や全国的な視野から検討する必要が生ずることが多いのであり、国政選挙によって選出される議員は、いずれの地域の選挙区から選出されたかを問わず、全国民を代表して国政に携わることが要請されており、人口の少ない地域に対する配慮は、そのような議員の活動の中で全国的な視野から法律の制定等に当たって考慮されるべき事情というべきである。したがって、上記のようなテーマであっても、人口比例原則とはそぐわない形でその地域から一定数の議員を選出しなければ解決できないものではなく（また、そのような形で解決すべきものでもなく）、そのことのために殊更にその地域の選挙区に相当数の定数を配分して投票価値の較差を生じさせることが二院制に係る憲法の趣旨によって許容されるものと解することはできない。

(5)　多数意見の述べるとおり、今後の選挙制度の見直しに当たっては、現行の選挙制度の仕組み自体の見直しが必要であり、弥縫策では足りず、立法府においては、短兵急に結論を出すのではなく、法原理的な観点からの吟味に加え、二院制に関する政治哲学や諸外国の二院制議会の現状分析と評価等が不可欠であり、さらに、グローバルな視点を保持した上での日本の社会、産業、文化、歴史等についての構造的な分析が求められるなど、専門的で多角的な検討が求められるところである。新しい選挙制度については、それが地域を基準にする場合でも、それ以外の基準による場合でも、立法府が、このような検討を十分に行った上で、二院制に係る憲法の趣旨や参議院の果たすべき役割、機能をしっかりと捉えて制度設計を行うなど、相応の時間をかけて周到に裁量権を行使する必要があるというべきである。』

(3)　以上のように、①憲法論的な視点、②地方と大都市との連携が必要である点、及び③憲法の想定する二院制の趣旨からすると、参議院議員選挙制度における人口比例原則と地域代表制との相克というテーマについては、両者が目指すゴールへの途に交差点を見つけ出すことは容易ではない。現行憲法では、参議院議員の任期が六年と長期で、参議院には解散を予定していないこと等から、参議院においては、衆議院とは異なるどのような機能が期待されまた期待すべきなのかを、国民的な議論を踏まえて検討していくべきであって、憲法が二院制を採用した意図を探り、新たな制度設計に繋げていくべきであろう。

司法部としては、その点について踏み込んだ発言をする立場にはないが、少なくとも、憲法上窺われる参議院の機能としては、政治の安定を図るほか、時代の流れとは離れて、直ぐには結果が出ないが長期的な視野から制度設計を行うべき事項（例えば、教育、外交、基礎的な科学技術の発展等）や、多数決原理で決することが有効とはいえない専門的・技術的な事項で、党派的思惑や政策的対立とは離れて客観的かつ冷静に検討していくべき事項（例えば、予算の適正な執行をチェックする決算的な処理等）を優先的に扱うこと等が思い付くところであろう。

いずれにしろ、参議院については、憲法一四条の平等原則の適用よりも地域代表的性格に重きを置くべき理由は見出すことはできず、また、憲法上もそのようなことを窺わせる規定は見当たらない。

(4)　もっとも、憲法を改正し、参議院議員は都道府県を代表するものとして、地域代表制を選挙制度として採用する規定を置く場合は、人口比例原則の適用の範囲外となり、投票価値の平等は、当然には憲法上の要請とはいえないことになろう（なお、この点については、アメリカ合衆国やドイツ連邦のように、州が連邦とは別に地域としての独自性を有し、一定の範囲で独立国家のような固有の立法権を有してきていたという歴史や政治的・社会的実体が存在する場合において、文字通り、州を代表する立場で国政（連邦）に政策的な意見表明を行う国会議員の存在を認めた選挙制度を創設する余地が生ずるのであり、中央集権的性質の強い我が国において、現在の都道府県に、そのような制度の創設を基礎付ける歴史的、社会的、政治的実体があるかどうかは、制度創設の合理性・正当性に関わる事項であり、十分に吟味する必要があろう。）。

# Ⅷ　欧米諸国の違憲審査のダイナミズム

## 1　はじめに

(1)　「最近の最高裁は、司法積極主義の立場に立っているのか、司法消極主義のままなのか、どちらなのか?」私が最高裁判事在職中に、ある友人からこのような質問を受けて、答えに窮してしまったことがある。どちらの立場に立って裁判をしてきたのか、という問題意識すら持たずに、様々な考慮すべき諸要素、諸事情を考え、いわば複眼的な視点で日々悩み続けてきた私にとって、特定の立場に立って裁判をしてきたことはないという回答すらも、自分としては違和感があるのである。

今日、日本国憲法の公布から七〇年を数え、様々な憲法改正論議が巻き起こっており、最高裁の違憲審査機能を拡充すべしという改革論議も多い（例えば、笹田栄司・早稲田大学教授の、日本経済新聞・二〇一六年一〇月二〇日朝刊の経済教室の欄で紹介された指摘等）。そこでは、米国連邦最高裁判所やドイツ連邦憲法裁判所と比較して、我が国最高裁において違憲判決の数が少なく、それを増やす方向での違憲審査機能の充実を検討すべきであるという論調のものも見られる。

(2) 確かに、我が国における最高裁の違憲立法審査権の行使のあり方をどのような視点で論ずるかについては、米国やドイツ、さらにはフランス（*）の違憲審査に倣って、制度設計ないし運用を参考にすることはあり得るところであって、その全部ないし一部を取り入れるべきであるという提言も検討に値する面を含んでいると考えている。ところで、諸外国の司法制度、特に、憲法裁判制度の内容と活動の軌跡に関する紹介とその評価は、制度創設に至る歴史的・政治的背景、その機能が発揮された当時の（広義の）憲法裁判所（すなわち、憲法判断を最終的に行う司法機関）を巡る社会的、政治的状況や対象となるテーマの性質等により、大きく異なってくるものであって、これらの諸事情を踏まえた上での冷静で実証的な検討が必要になってこよう。

＊ フランスにおいては、憲法裁判所というよりも、第五共和制憲法において創設された憲法院（Conseil constitutionnel）が、法律が大統領の審書により発効する前に、合憲性審査をすることにより、立法府に対するチェックを行う機関として制度化されており、後出の司法研究では、その活動の軌跡を捉えて紹介している。

(3) 私は、去る平成元年一二月に、当時の矢口洪一最高裁長官の命により、「欧米諸国の憲法裁判制度について」と題する司法研究を命ぜられ、東京地方裁判所判事であった私のほか、同判事補の孝橋宏裁判官及び豊澤佳弘裁判官との三名により司法研究を行ったことがある。この司法研究に際しては、諸外国の多くの憲法判例に関する参考資料の収集等について、最高裁事務総局行政局に協力いただいたほか、米国、西ドイツ及びフランスに留学し、あるいはその政治、歴史等に造詣のある同僚の裁判官から、数多くのヒントをいただいている。

この司法研究の報告書（最高裁判所・司法研究報告書四三輯一号）が刊行されてから既に二七年余りが経過しているが、例えば、米国においては、一七七六年七月四日のジェファーソンの筆になる独立宣言から米国の憲法裁判制度の歴史は始まると考えてよく、二〇〇年以上の歳月を経てその姿が形作られたのであって、今日になっても、制度が創設され発展してきた軌跡を概観することの意義は計り知れないものがあると感じている。

私が、今日、司法研究報告書を読み直してみると、改めて、諸外国の違憲審査のダイナミズム、社会や政治の動きを見極め、司法の本質を踏まえて、時には積極的に、時には抑制的に、時代の流れの中で苦悩してきた憲法裁判を担当する裁判官の冷静で果敢な決断力と時代を見据える鋭い眼差しが読み取れ、胸が熱くなるのを禁じ得ない。

(4)　そこで、「違憲審査――その焦点の定め方」をテーマとする本書の終わりに、いささか大部の前記司法研究の内容の紹介として、私が、研究報告書の最後に「まとめと感想」という項を立てて司法研究の締め括りとしたものを、そのまま引用してここに紹介させていただきたい。

その前に、前記司法研究報告書の「はしがき」が研究報告の趣旨等を明らかにしているので、その一部を紹介しておく。

『各国の憲法裁判制度ないし違憲立法審査制度の内容は、国により一様ではない。各国の国家機構の形成には、それぞれ歴史的、政治的経緯があり、憲法裁判所の権限と役割の内容も、このような国家機構の一つとして、各国固有の歴史や政治状況を直接ないし間接に反映したものとなっている。したがって、各国の憲法裁判制度の全容、すなわち、その組織はもちろん、その制度が現実にどのような機能を果たし、それがどのように評価されているかは、その国の歴史や政治的状況を前提にして初めて明らかになる事柄であろう。また、個々の憲法判例についても、その国の大きな政治問題と絡むものが多く、それが言い渡されるに至った歴史的、政治的背景があるはずであり、それを切り離して、判例の内容を単に法理論的な観点のみから検討することは、その真の意味と価値を見失う恐れがあろう。

以上の点から、本研究は、米国、西ドイツ及びフランスを取り上げて、それぞれの憲法裁判制度の現実の機能と評価及び個々の憲法判例の真の意味と価値を、歴史的、政治的背景を考慮しつつ明らかにしようとするものである。』

## 2 「欧米諸国の憲法裁判制度について」（最高裁判所・司法研究報告書）における「まとめと感想」

その内容は、次のようなものである。

『本研究は、ここまで、米国、西ドイツ及びフランスの憲法裁判制度を取り上げ、その現実の機能と評価及び個々の憲法判例の歴史的、社会的背景とその意味を検討してきた。最後に、各国の憲法裁判所の活動の軌跡を概観しながら、研究のまとめと、憲法裁判というものに対する若干の感想を付言することにしたい。

1　各国の憲法裁判制度の性格等について

一口に憲法裁判制度ないしは違憲立法審査制度といっても、国により、その権限と役割は一様ではない。これは、それぞれの制度の形成と発展には、いずれも歴史的、政治的経緯があり、それが制度の性格や機能をいやおうなしに規定しているからであって、その意味で、憲法裁判制度は、正に各国固有の歴史的、政治的産物であるといえよう。

(1)　米国の連邦最高裁判所による違憲立法審査制度は、合衆国憲法に明文の規定があるわけではなく、マーベリ対マディソン事件判決の法理により確立されたものであるが（……）、これは、イギリス本国からの独立と連邦国家の形成という政治的体験が基盤となっているものである。すなわち、植民地時代には、各植民地に、英本国支配の下で、本国から「法の支配」の観念を継受するとともに、植民地議会の立法に対しては、イギリス国王の拒否権の行使等による本国の規制が行われ、植民地法に優越する本国法による支配を経験しており、これらにより、高次法による制定法の審査という考え方を体験的に受け入れていたのである。また、当時、州は、各自が独自に自己の課税権を行使するなどしたため経済的混乱が生じており、連邦の次元で州の法律をチェックするシステムの必要性が認識されつつあった。さらに、一部の州において、人民の代表たるべき議会は、下層農民らが多数を占め、自己の利益のみを擁護する急進立法を行い、有産者の財産権を危殆に瀕せしめる等したため、単純な多数者支配がまかりとおる立法府に対する不信が醸成され、その結果、立法府の肥大化の防止を主眼として、三権の抑制均衡を基本理念とする三権分立の国家体制が樹立されたのである。マーベリ対マディソン事件判決の違憲立法審査権の法理は、……特異な政治的事件を契機に、マーシャル・コートにより生み出されたものではあるが、このような三権分立の国家体制をより徹底する考え方を基盤とするものであって、それは、このような、歴史的、政治的背景の下に生まれたものといえよう。

この司法権による違憲立法審査権の法理は、その後も、州法に対する連邦裁判所の違憲立法審査権の行使という形でその実績が積み重ねられ、米国社会に定着していくことになったのだが、それも、独立後の米国では、北部の商工業が急速な発展を見せ、商工業者は、通商活動の自由や州間取引の活発化を図るため、公共交通機関の建設を進める一方、各州独自の保護主義的な課税等の通商規制を弱めて全国統一の公平な規制を求めており、これを実現するために連邦の権限を強め、州の権限を制限することを望んでいたが、このような要請が次第に大きな時代の流れとなってきており、そのため、連邦権限の強化に寄与するこの法理が、全体として国民の間にも大きな抵抗なく受け入れられていったという歴史的事情があったためであろう。

(2)　西ドイツの連邦憲法裁判所は、第二次大戦後、ナチズムの不法に対する深い反省と東西冷戦という政治情勢の下で、自由で民主的な基本秩序を擁護するために、憲法を積極的に守る機関として創設されたものである（……）。すなわち、ワイマール憲法は、憲法の敵にも憲法上の保障を与え、自由の敵にも自由を与えたことにより、ナチズムの合法的進出を許したという反省から、ボン基本法は、憲法忠誠という観念を掲げ、公権力だけでなく国民にも、憲法の基本的価値である「自由で民主的な基本秩序」を防衛する義務を負わせ（戦う民主主義）、これを確保するための機関として連邦憲法裁判所を設けたのである。そして、このような任務を国家機関のうち司法機関である連邦憲法裁判所にゆだねたのは、ワイマール体制下で、ナチの不法の前に、大統領は憲法の擁護者とはならず、小党乱立により完全な機能不全の状態となった議会も信頼できないという痛切な歴史的体験や、ドイツ国民の政治への消極的態度（ナチスに従ったという苦い経験から政治はもうたくさんだという気持）等から、純粋の政治的機関以外の中立的第三者機関である司法部に信頼が寄せられたためである。これは、歴史的にみても、近代の市民革命の洗礼を受けていないドイツにおいて、市民が政治の主体者となるフランスのようなルソー流の議会中心主義の思想が未発達であり、憲法上の紛争を国民を代表する議会以外の国家機関において処理することにさほどの違和感がなかったということや、連邦と州、州相互の間の憲法紛争については国事裁判所で処理するという一九世紀前半のドイツ諸邦の歴史的伝統とも結び付いている。連邦憲法裁判所が、具体的な権利侵害が生じたことを必要としないで抽象的規範統制をも行う権限が与えられ、ボン基本法下での憲法価値を体現するという可能な限りの司法積極主義を任務とする性格を付与されたのは、このような歴史的、政治的背景があるからである。

その後、連邦憲法裁判所が制度として定着していったのも、様々な政治的、社会的、文化的諸要因によるものであるが、特に、政治的、社会的状況としては、東西の厳しい対立の中で、反コミュニズムの旗の下、政治的思想的イデオロギーは、同質化され、対立がなくなり、政党間では、基本的な価値観を共有した上での政策の争いという形をとり（連邦憲法裁判所に持ち込まれた大きな政治問題としては、ブラントの東方政策に基づく基本条約事件があるが、これも、西側同盟の一員であるという共通の認識に立った上で東側との関係をどう構築するかという、方法論の違いによる紛争である。）、また、戦後の奇跡の経済復興により国民生活が安定し、その多くが中流意識を持ち、現状肯定的な政治思想を持つようになったため、連邦憲法裁判所が、深刻な政治的、イデオロギー的な対決の渦に巻き込まれずに活動でき、その判断も、国内の政治勢力から大きな非難を受けずに済んだためである。

(3) フランスの憲法院は、議会の権限の大幅な制限を制度的に担保するために、第五共和制憲法により創設された機関である（……）が、この機関の設置は、フランス大革命以来の議会中心主義思想の転換を図るものである。第三共和制及び第四共和制時代の議会中心主義思想は、小党乱立による不安定な短期政権の出現と政府の機能麻痺をもたらし、特に第四共和制時代において、政府は、アルジェリアの植民地問題等の重大問題に対しても何ら有効な対応ができないでいたところ、「フランスの栄光」を訴えるド・ゴールの登場となり、彼の挙国一致内閣により、ようやく難局の打開が図られた。ド・ゴールは、政権取得後、これまでの政党支配体制を清算し、議会の権限を縮小して行政権の強化を図るため、憲法を改正し、強力な大統領権限を有する第五共和制体制を築いたが、ここにおいて、一種の違憲立法審査権を有する憲法院を創設し、これに議会権限の逸脱を事前にチェックする任務を与えたのである。そして、憲法院が、司法機関としてではなく、別の独立の機関とされたのは、大革命前のパルルマンが権限を濫用して国王の財政改革に反対したことから、それ以来、司法は社会改革を阻害するものとしての強いイメージが形成され、司法不信という伝統ができ上がっており、これに強力な権限を与えると裁判官政治を招くとして強く警戒されたことによるものである。

その後、憲法院は、一九七一年の「結社の自由」判決により、「議会を統制するための政府の番犬」から人権擁護機関として進展し、その役割を大きく転換させている（……）。これは、ド・ゴール派の勢力拡大により、議会における安定多数派が形成され、これにより政府が組織されるようになったため、政府と国民議会が対立することがなくなり、そうなると議会の権限行使を制約する必要もなく、議会権限の制約機関として創設された憲法院の存在価値が問い直されてきており、また、国民の直接選挙により選出される大統領という強力な権力が出現し、これらの権力機関による少数者の人権の侵害が見られるようになり、これらの政治的、社会的状況の変化が、ド・ゴール時代の終焉を契機に、憲法院の方向転換を生じさせたものである。

さらに、憲法院は、一九七四年の憲法改正による提訴権者の拡大といった経緯を経て、一九八一年の社会党政権の誕生による政権交代後は、政治情勢を直接反映して、政治的紛争の仲裁機関としての性格を強めていくのである（……）。

このように、各国の憲法裁判制度は、すぐれて歴史的、政治的な産物であり、また、歴史的、政治的情勢の変化に応じてその性格を変容させていくこともあり得るものであるから、制度だけを取り出してその内容や性格を検討するだけでは、その価値を正しく見定めることはできないであろう。憲法裁判制度が何故そのような権限と役割を担うものとして形成されたのか、制度の性格を規定している要因は何か、その後の進展の要因は何かといった問題は、制度全体の理解のためには不可欠であるが、これらは、いずれも、各国の歴史や政治の中にしか回答を見いだすことができないものである。また、憲法裁判所の具体的な活動の評価も、制度創設の基になった憲法思想ないし政治理念を抜きにしては不可能であろうし、その時の政治的、社会的状況を見定めて初めて可能になるものであろう。本研究は、憲法裁判制度の真の姿を、制度の歴史的、政治的背景を見据えながら浮き彫りにしようとしたものであるが、その結果、各国の政治的、歴史的な数々の物語に彩られた生き生きとした憲法裁判制度の実像を垣間見ることができたように思われる。

## 2　憲法裁判所の違憲立法審査権の行使を巡る諸状況について

### (1)　政治的対立の大きな問題についての憲法判断の方法

違憲立法審査権の行使は、立法府が採用した国家的な政策が憲法上肯認できるかどうかを問題にするものであり、その意味で、程度の差はあれ、不可避的に一定の政治的な影響を及ぼすものである。特に、それが、政治的、イデオロギー的に両陣営が対立している問題である場合、違憲立法審査権の行使は、それが純粋に法的な観点のみから判断したときでも、結果的には対立する一方の政治的立場を支持する形をとることになるため、反対当事者からは、その判断が不当であるといった非難を浴びせられることになる。このようにして、憲法裁判所は、望むと望まざるとにかかわらず、政治的な争いの渦中に巻き込まれることになる。

憲法裁判所の構成員は、国民から直接選出されるものではなく、その意味で民主的基盤が議会ほど強くないため、裁判所が重大な政治的問題について憲法違反であるとして最終的な断を下すことは、いわゆる裁判官政治を招くものであるとして、世論の非難を浴びる可能性がある。そして、それが、国民の多くが支持する政策を実現する法律の効力を否定するような内容である場合は、国民多数からの非難の対象になり、民主的基盤の乏しい裁判所に違憲立法審査権を認めることの是非といった制度の存立にかかわる議論を生起させかねないのである。

ところで、このようなイデオロギー的に対立する政治問題について、各国の憲法裁判所がどのように対応しているかを見てみると、多くの場合、その判断は、両陣営からの賛否両論を巻き起こしながらも、最終的には国民に受け入れられてきているようであり、政治から独立した法原理機関として国民から支持されるために苦心している憲法裁判所の構成員の姿がここにうかがえるように思われる。

ア　米国において、この点が大きく問題になった例として、まず、ニューディール期の憲法革命前後の裁判所の態度（……）が挙げられよう。

一九二九年から始まった大恐慌の最中に大統領に就任したＦ・ルーズベルトは、これまでの伝統的な自由放任主義的経済を改め、国家がこれに介入して積極的な経済統制を行い、新たな経済秩序を作り出すため、次々に前期ニューディール立法を成立させたが、その合憲性を争う事件が持ち込まれた連邦最高裁は、これに対しては、私有財産権を絶対視し、経済活動の自由の伝統を墨守して、これを違憲とする判決を続出させた。当時の連邦最高裁の構成は、保守派が四人、ブランダイスらの進歩派が三人、中間派がヒューズ長官とロバーツ裁判官の二人という勢力分野であった。ルーズベルトは、重要法令を次々と違憲とされた上、有産者、労働者双方からも彼の政策に対して批判が出るに及んで、政策の重点を労働者、農民、生活困窮者の福祉の向上に移すという後期ニューディール政策を打ち出した。この新政策が評価され、彼は、一九三六年の大統領選挙において圧倒的な大差で空前の勝利を得て再選されるに至った。そして、彼の連邦裁判所の改革案が議会に上程され、上院で審議されている最中に、連邦最高裁は、従前の態度を改め、一転してニューディール立法を合憲とする判決を続出させた。このような歴史的な判例変更は、中間派のヒューズ長官とロバーツ裁判官が態度を変えたためであるが、これは、彼らが、ルーズベルト大統領の圧倒的な支持による再選を目のあたりにして、国民の大多数が連邦政府の強力な権限行使によって危機的な状況を打開すべきであるという新しい価値観を示したものと受け止め、国民との直接的な結び付きのない司法部としては、これを尊重し、伝統的、古典的な価値に立脚した憲法解釈に固執することなく、憲法を弾力的に解釈して、新しい価値観を承認すべきであると考えた結果であるとする見方が可能であろう。最高裁がいつまでも社会の変化に抵抗する態度をとり続けたならば、「九人の老人」の支配する最高裁の存立の基盤を揺るがすような議論を巻き起こすことになったかもしれないのである。

次に、ウォーレン・コート期の裁判所の態度（……）が挙げられよう。ウォーレン・コート期の裁判所は、第一次、第二次ブラウン判決により、黒白分離教育はそれ自体が憲法の定める平等原則に違反すると宣言し、その撤廃を「with all deliberate speed」で進めるべきであるとし、最終的にはそのための具体的な実施策を示す等のことをしており、また、ベイカー判決により、議員定数規定の問題につき、憲法修正一四条の平等条項の適用される司法審査の対象になるとし、有権者数に応じて定数配分がされていない場合裁判所が積極的にこの是正を具体的に命ずるみちを開いている。これらは、いずれも米国社会における最も深刻な問題であり、しかも極めて政治性の高い問題であるが、ウォーレン・コートは、積極的に違憲立法審査権を行使し、衡平法上の権限に基づいて、憲法価値に適合する法を自ら創造し、社会をリードしていったものである。ここでは、裁判所は、積極的に政治の世界に飛び込み、あえて自らの価値観を強制したといった見方もあり得よう。しかし、ウォーレン・コートがこのような積極的な態度に出たのは、次のような政治的、社会的閉塞状況があり、この問題については国民も司法部の積極的な対応を期待するような雰囲気があったのであり、ウォーレンは、このような政治的、社会的状況を見定め、司法部が乗り出せば、行政府、立法府もこれに追随せざるを得ないであろうという状況判断をしていたふしがある。

この時期、米国は、かつてない経済的繁栄期を迎え、国際社会においても世界の指導者としての確固たる地位を築いていたが、このような状況下で、米国にとって、前世紀の遺物ともいうべき人種差別問題の存在は国際的にも恥ずべきことであり、その解決は、もはや放置できない課題として国民の間にも意識されていた。議員定数の不均衡も早期に解消されるべき問題であることは、同じように、一般に認識されていたといえよう。ところが、選挙の洗礼を受けなければならない政治部門としては、その必要性を認識していたものの、これらの改革を実行するとなると、南部等からの大きな反対と社会的混乱が生じることが必至であり、自己の政治的基盤をも崩壊させかねない様々な困難を乗り切らざるを得ず、そのため、長期間にわたって、その解決を先延ばしにしてきたという状況にあった。そこで、その解決を望む国民は、このような利害状況から離れた司法部に対し、その解決に乗り出すことを期待するようになってきていたのである。

民主的基盤の乏しい司法部がこのように政治的大問題に積極的に取り組んだ背景には、かかる政治的、社会状況を見定めて、国民が司法部の積極的な対応を望みそれを支持するはずであるというウォーレン・コートの状況判断があったものと考えられる。この判断は見事に的中し、ウォーレン・コートの態度は紆余曲折を経ながらも、結局国民に受け入れられていったのである。

イ　西ドイツにおいては、この点については、状況が大きく異なっている。すなわち、連邦憲法裁判所は、元々政治的な問題についても、積極的に違憲審査することをその任務として与えられており、政治的に対立する問題であっても、憲法の価値に反するものはこれを真っ向から否定することが最初から期待されているのである。その意味では、最大限の司法積極主義が制度上採られているということになる。しかし、それは、反面として、他の憲法上の機関である立法府、行政府との役割分担をどうとらえるのか、どこに自己の権限の限界を見いだすのかという問題がある。ここでは、政治的な紛争についてそのまま連邦憲法裁判所に憲法判断を求めるという形で訴訟提起がされるため、その判断を誤ると、やはり裁判官政治との批判を招くことになるのである。

この点が問題になった例として、ヨーロッパ防衛共同体条約の締結に関する一連の事件と基本条約事件についての連邦憲法裁判所の態度（……）が挙げられよう。

ヨーロッパ防衛共同体条約事件は、朝鮮戦争ぼっ発により緊張の度合いを増した一九五〇年の夏に、米英仏三国は、西ドイツの再軍備とヨーロッパ防衛のための共同の軍隊の創設を決定したが、これが西ドイツ国内において、再軍備の可否を巡る激しい論争を巻き起こしたことに端を発している。西側陣営の統合と強化のため再軍備が不可欠であるとする与党と、対外政策におけるフリーハンドを確保しておくほうが得策であるとする野党が政治的に対立し、この西ドイツの命運をも左右しかねない重大な政治問題は、連邦憲法裁判所にその解決がゆだねられる形で訴訟の提起がされた。すなわち、上記条約が調印されその承認法律が国会に提出されると、ＳＰＤ〔社会民主党〕は、その違憲確認を求める訴訟を提起し、これが革新的な色彩の濃い第一部（赤い部）に係属すると、赤い部による違憲判決を恐れた政府与党は、大統領を説得し、条約承認法律の合憲性に関する連邦憲法裁判所連合部の鑑定的意見を求める申立てを行い、国会の審議を中断した。連邦憲法裁判所は、立法府の審理未了の法律案は規範審査の対象にならないとして、まずＳＰＤの申立てを却下し、連合部による鑑定的意見の準備を開始したが、今度は与党が、条約承認法律の審議において少数派が多数派の権利を侵害していることの確認を求める機関訴訟を、保守色の強い第二部（黒い部）に提起した。このような与野党の連邦憲法裁判所を政争の道具に利用しようとする目論見に対し、連邦憲法裁判所は、連合部の鑑定的意見が各部を拘束する旨の決定をして、政治的に利用されるのを拒否する態度を示した。与党は、これに対し、鑑定的意見の申立てを取り下げ、第二部の判決に期待したが、第二部は、この機関訴訟の申立てを不適法として却下し、政府与党の思惑は外れることになった。その後、懸案の条約承認法律は、連邦議会で可決されるに至り、SPDは、改めてこの法律に対する抽象的規範統制の申立てを行った。そのため、与野党とも、この問題について連邦憲法裁判所に下駄を預けることとなったが、連邦憲法裁判所は、近々予定される連邦議会の選挙を待って、与党が憲法改正に必要な三分の二を超える議席を獲得するか否かを見届けるまで手続の進行を停止する態度をとり、選挙により与党が三分の二を超える議席を獲得し、再軍備のための憲法改正を行ったため、遂にその判断を示さずに済むこととなった。

問題が国家の基本方針にかかわるものであり、国論が二分されていたという状況下で、連邦憲法裁判所は、一方勢力の肩を持ったという批判を避けるため慎重に行動し、また、政治の動きを見ながら、性急に実体的判断を下すことを避けるという自制的態度をとることによって、政治的紛争の渦中に巻き込まれるのを断固拒否したのである。

基本条約事件においては、この条約は、東西両ドイツは相手方を「国家」として認め、両国間の正常化に踏み出すことを内容にしたものであるが、東西ドイツの分裂が恒久化され、ドイツ統一が遠ざかるとして保守陣営から強力な反対がされ、その結果、条約の合憲性が争われたものである。連邦憲法裁判所の第二部は、全員一致により、東ドイツは、国際法上の意味における国家であり、そのようなものとして国際法上の主体ではあるが、一方、全体としてのドイツの一部であり、基本条約は、国際法上の条約であると同時にドイツ国の中の二つの部分国家（東西ドイツ）の内部関係を規律するものであるとした上、条約の中身につき思い切った合目的的合憲解釈を行い、結果的には条約を合憲と判断したが、これにより、政府は、とにもかくにも合憲の御墨付を得たことで満足し、野党は、政府の外交に一定の枠付けがされたことによって面目を施したのである。一方の陣営に偏しない政治的バランス感覚の光る判断とでもいい得よう。

ウ　フランスにおいて、この点が問題になった例としては、国有化判決と地方分権化判決（……）が挙げられよう。

一九八一年に誕生したミッテランの率いる社会党政権は、公約した企業の国有化政策を実現するため、五大企業グループ、主要銀行三六社、二大金融会社の国有化を内容とする法案を議会に提出した。野党の保守勢力は、企業の財産権を侵害するものであるとして必死の抵抗をしたが、結局この法案は可決されるに至り、野党側は、更に憲法院に提訴して、その合憲性の審査をゆだねたため、ここに、当時の政治的大問題について憲法院がどのような判断を示すのか、フランス国内が固唾を飲んで見守ることとなった。当時、憲法院は、長年保守政権が続いていたこともあって、任命権者と同じ保守系と目される人物により構成されており、保革が激突したこの国有化法については、保守側の意見にくみするものと予想されていた。しかし、蓋を開けてみると、憲法院は、国有化政策の基本的な部分は合憲とし、国有化に際し行われる株主の補償額等を定めた細部の規定につき、補償が不十分である等として違憲とする判断を示した。

憲法院のこの判断が、純粋に法的な観点のみからされたものなのか、あるいは、当時不況のどん底にあったフランス経済を再建するためには国家レベルで企業の近代化を図る必要があるということについては、政治的イデオロギーを離れて、国民の間で広く認識されていたと思われるところ、国民の多くがこの政策の基本を支持しているのであれば、その基本方針自体は否定せず、細部の規定を違憲とすることにより政治的対立を調停しようという観点からされたものなのかは、明らかではない。しかし、いずれにしろ、国有化判決は、左右両陣営から過剰な反応を引き出しはしたが、結果的には国民から好意的に受け取られているようであり、世界観の対立ともいうべきイデオロギー的な法律問題に関する違憲立法審査権行使の在るべき姿の一つを示したとの見方もされるところであろう。

地方分権化判決については、フランスにおいては、地方制度の改革がかねてから懸案とされていたが、ド・ゴール退陣後の保守派は集権主義を、左翼側が分権主義の立場をとり、イデオロギー的な対立の様相を呈していた。こうした中で、一九八一年に成立した社会党政権は、野党の猛反対を押し切って、国に対する地方公共団体の自律性を強化する内容の地方分権化法を成立させたため、野党議員から憲法院に提訴があり、その判断が注目されることとなった。憲法院は、国有化判決と同様に、象徴的な対立点の一部を違憲としたが、政府の基本政策に関する部分は維持する判決をし、これにより、政治的対立を巧みに調停したという見方がされているところである。

フランスでは、一九八一年の政権交代以降、保革が政治的に対立した法案のすべてが次々と憲法院に持ち込まれ、議会での政治対決が憲法裁判の場で再演される状況となっている。そのため、憲法院の判断は、いずれも政治的な意味合いを持って受け取られているが、憲法院の構成員は、このような異常な状況下で、自己の政治的信条をあらわにすることなく、没個性に徹して裁判をしているように思われる。イデオロギーという個性が激突する政治問題を調停し、両陣営に裁判の結果を渋々であっても受け入れさせるためには、自己の党派性を抑え、没個性に徹した判断をするしかないと考え、行動しているものと思われ、彼らの苦心の姿がうかがえるところである（……）。

エ　ところで、憲法裁判所が政治や社会の動向を見極め、憲法判断を既に表明された国民の多数の意思や価値観を念頭において行うということと、憲法裁判所が政治的、党派的に行動するということは、大きく異なるものである。裁判所の政治的、党派的行動は、一歩誤ると、その判断が制度的に最終的なものであるため、政治的妥協や調停の余地を封じ、政治的紛争を一気に拡大させる危険がある。米国において、南北戦争の直接の引き金になったといわれるドレッド・スコット事件判決（……）がその例として挙げられよう。米国は、建国当時から奴隷制度という大きな問題を抱えており、商工業が産業の中心であった北部諸州は、奴隷制度は自由、平等の建国精神に反するとして非難し、一方、タバコを中心とする農業によって成り立っていた南部諸州は、奴隷制度は農業労働力確保のために不可欠なもので、正当な制度であると主張して対立していた。北部と南部は、このような産業構造の違いから、国政を巡る諸問題につき事々に対立していたが、奴隷制度の是非は、両者の象徴的な対立点であり、それゆえ深刻な問題となっていった。一八二〇年に南北間で成立したミズリー協定は、新たに領土となったルイジアナのうちミズリー州を奴隷州と認める一方、残りの地域のうち北緯三六度三〇分以北は以後奴隷州を認めないという内容のものであり、自由州と奴隷州の数を同数にすることをねらったぎりぎりの妥協点であったが、ドレッド・スコット事件は、このミズリー協定の効力が争われたものである。当時の連邦最高裁の多数派は、南部出身の裁判官が中心となって形成されていたが、先例に従って、ミズリー協定の憲法適合性についての判断を回避して事件を処理することができたにもかかわらず、奴隷制度廃止論者である少数派の二人の裁判官がミズリー協定を前提にした少数意見を述べる可能性があったことから、それに対抗して、自己の政治信条に基づき、党派的な観点からあえて判断を示し、南北の政治的妥協の産物であったこの協定を違憲としたのである。当時連邦議会は、奴隷制度擁護を主張する民主党が多数を占め、カンザス・ネブラスカ法を成立させ、ミズリー協定を無視する態度に出ており、この問題を巡る南北の対立は激しさを増していたが、最高裁の多数派は、ミズリー協定を違憲とし、結果的に奴隷制度を肯認する判断を示すことによって、この政治問題に決着をつけ、争いを鎮められると読んでいたものと思われる。しかし、この判決は、南北の対立に火に油を注ぐ結果となり、社会的混乱を決定的にしたものであって、裁判所が党派的な行動をすることの恐さを絵に描いてみせたとでも評することができよう。

⑵　時代に適合させるための憲法の柔軟な解釈

国家体制の基本を定める憲法は、将来の社会経済の変動をも予想して規定を置いているというものではない。制定当時予想できなかった状況が現れたときでも、憲法は、それが改正されない限り国の基本法であることには変わりはなく、その具体的な適用を求められる憲法裁判所は、憲法の精神を汲み取りながら、これを時代に適合させるような解釈をしていくことが期待されるところであろう。

ア　アメリカ合衆国憲法は、制定以来二〇〇年にわたって米国の政治と社会を規律してきたが、憲法の規定が広範な解釈を可能にする一般的表現を採っていたため、かなり自由に憲法判例の変更が行われた。これは、実質的な憲法改正であり、その結果、二〇〇年前の憲法が現代においても通用力を持つことが可能となった。例えば、憲法は、連邦の権限を限定列挙し、州に広範な権限を与えているが（修正一条八節、一〇条等……）、資本主義の矛盾拡大、国際関係の重要化、社会の複雑化、近代化等に伴って、各州ごとに異なる法規制をすることの不合理が大きくなり、また、人権意識の高まりとともに、一部の州における人権侵害を当該州内部の問題として放置し得なくなってきた。そのため、連邦レベルでの規制の必要性が痛感されたが、連邦憲法は、各州の四分の三の賛成が得られなければ改正できない硬性憲法であり、州の権限を狭め、連邦の権限を拡大するような改正を行うことは、極めて困難であったといえよう。このような状況下で、政府や連邦議会は、連邦と州の権限の限界を定めた憲法の規定を、次第に連邦に有利に拡張解釈し、連邦による全国一律の法規制を実施することが多くなり、その度に、連邦と州は、政治的に対立するところとなった。裁判所は、違憲立法審査権に基づき、州間の通商に関する事項は連邦の権限に属するとする憲法一条八節の規定を拡張解釈する等、州と連邦の権限争いにつき憲法の条文の文理にとらわれない柔軟な有権的解釈を示し、連邦の権限の拡大に努め、米国の連邦国家体制の維持と発展に貢献してきたのである。

イ　西ドイツにおいても、連邦憲法裁判所は、戦後の東西関係の緊張の激化と緩和といった国際情勢や思想的コンフォーミズムの形成という国内事情の変化等に対応しながら、重大な憲法問題の妥当な解決を目指し、憲法解釈を行ってきたといえよう（……）。例えば、連邦憲法裁判所は、一九五〇年代には、社会主義国家党とドイツ共産党を、自由で民主的な基本秩序を侵害するものであるとして、違憲の判決を下すことによって、反ナチ、反共という基本法の思想を明確にしたが、その後、一九六〇年代に入り、西ドイツの驚異的な経済復興と思想的コンフォーミズムの成立により、憲法忠誠の確保という憲法裁判所の役割は一時後退したかに思われた。しかし、六〇年代末の激しい学生運動や七〇年代前半のテロ事件の瀕発等、ボン・デモクラシー体制に対する攻撃が激化し、体制防衛の必要性が高まった際、当時のＳＰＤとＦＤＰ〔自由民主党〕の連立政権は、公職志願者に対し憲法忠誠審査手続を導入し、過激派を排除する方策を執ったが、この点について、連邦憲法裁判所は、憲法敵対的な目的を追求する政党への参加ないし所属もまた、公職志願者の人格評価にとって重要な要素の一つであるとして、この方策の合憲性を肯認している。このように、連邦憲法裁判所は、時代の変化に対応して、憲法忠誠の内容を柔軟に解釈して、事件を処理しているといえよう。
ウ　フランスにおいては、第五共和制憲法典は、本文中に人権規定を置いておらず、その前文において「一九四六年の憲法典前文によって確認され、かつ、補充された一七八九年の宣言によって定義されるような人の権利及び国民主権の原則への愛着を厳粛に宣言する。」と規定しているだけであるが、憲法院は、一九七一年の「結社の自由判決」（……）においてこの前文に憲法的効力を認め、あるいは、その後に「共和国の諸法律により承認された基本的原理」とか、「憲法的価値を有する原理」といった内容のはっきりしない原理を持ち出し、これらを根拠に、以後人権保障機関へと進展していった（……）。これは、憲法制定後一〇年程の間に国民議会の多数派（ド・ゴール派）が政府を組織するようになり、その結果、行政権のために議会の権限を制約する実質的な理由がなくなり、また、国家権力が強大なものになるにつれて少数者の市民的権利や自由が侵害されるという事態が現出し、さらに、ド・ゴール時代の終焉により行政権優位の国家機構の理念はかつての輝きを失うという状況が生まれたことから、憲法院は、当初の任務とは別に、時代の要請に対応した新しい役割を自覚し、そのための憲法判断を行っていった結果であるといえよう。
このように、社会が急速な変化を遂げ、国民の意識も大きな変革を示しているが、これに対応して憲法を改正することは容易ではなく、時代に適合しない憲法典が存続しているという事態は、しばしば経験するところである。憲法の従前の解釈が、このような時代の変化に適応しなくなってきた場合、あくまでもそれを堅持し時代遅れの価値観に固執することは，憲法や裁判所に対する国民の不信をつのらせるばかりであろう。憲法の真の精神を時代に生かすためにも，ときには柔軟な憲法解釈が必要とされるところであろうが，これも，時代の流れを的確にとらえ，国民の多数が望む新しい価値が何かを見定める洞察力が，裁判官に求められるところであろう。

### 3　司法積極主義と司法消極主義について

司法部による憲法判断については，憲法問題は，多くの場合政治的な政策判断の問題であり，法律的な観点のみで処理し切れないものであることを理由に，裁判所は民主的基盤を有する政治部門の憲法判断を尊重すべきであるとして，いわゆる司法消極主義を主張する見解がある。また，憲法判断は，憲法の文言から直ちに導き出されるものではなく，内外の政治や社会情勢をも考慮して行われるべきものであるが，この点からいっても，当事者の提出した主張と資料に限られる裁判の場はこれにふさわしくないということを，司法消極主義の論拠とするものもあろう。司法積極主義と消極主義の論争は，立法権と行政権に対する司法権の権限の限界を問い，あるいは，立法権と行政権との関係において司法権の在るべき姿を問うものであり，米国のように三権の抑制均衡を憲法理念としているところにおいて最も深刻な問題となるが，西ドイツやフランスにおいても，裁判所が政治部門にどこまで踏み込んでいくべきか，いくのが妥当かという憲法裁判所の「自己抑制」の観点等から議論されているところである。

(1) アメリカにおいては、建国以来二〇〇年の歴史において、連邦最高裁が、この国の歴史的大事件の多くにかかわってきたことは既に見たとおりであり（最近でも、バーガー・コートのウォーター・ゲート事件が挙げられよう。）、司法部によるある程度の積極主義、積極的政策形成は、この国の憲法裁判制度の共通認識にまでなっているといってもよいであろう。

しかし、これは、次のような事情があったからであろう。すなわち、米国における違憲立法審査権の行使は、建国後しばらくの間は、連邦と州との権限争いを解決するために行われることが多かったが、この点の判断は、結局、政治部門の行為が憲法上の限界を超えているか否かを判定するものであり、元々政治的性格を帯びたものであったこと、米国においては、衡平法の伝統やレアリズム法学の影響により、裁判所の法解釈は、法創造的なものであり、政策決定的な要素を持つという実態と国民の間の共通認識があること、政党間のイデオロギーの同質性があり、政治的対立も、そのほとんどが、しょせんは同じ土俵の中の争いであり、裁判所がその一方を支持する判断を示しても、反対陣営からの非難は、体制自体を破壊するような激しいものにはならないこと、さらには、連邦最高裁判所の判事は、政治家としての豊かな経歴とセンスのある人物がほとんどであり、政治的状況判断に長けていることなど、司法部にとって積極的な対応を可能にする環境がたまたま整っていたからであろう（……）。したがって、このような連邦最高裁判所の積極的行動というのは、米国特有の事情であり、これを一般化することはできないと思われる。

(2)　西ドイツにおいては、既に述べたとおり、連邦憲法裁判所は、本来的に司法積極主義を期待されている機関であるので、政治的な色彩の濃い事件についても、ちゅうちょせず憲法判断を行っている。これは、制度がそのようなものとして予定されているからであるが、このような制度を作り出した要因は、専ら、ナチズムに対する深い反省とコミュニズムに対する脅威という歴史的、政治的沿革であろう（……）。そして、連邦憲法裁判所が、これまで与えられた任務を十分果たし得たのは、緊張した東西関係の存在と戦後の西ドイツの奇跡の経済復興により思想的コンフォーミズムが成立し、政治的な問題といっても、基本的な政治政策には相違がなく、その方法論についての争いであって、一方を支持する憲法裁判所の判断も他方がおよそ承服できないものにはならないという状況が生じており、また、ドイツの近代化の中でつちかわれた伝統的なドイツ国民の非政治的精神態度は、ナチスにかかわった苦い体験により自己の政治的判断力に自信を失ったこととともあいまって、司法という政治から独立した専門的中立的機関であるとの外観を有する憲法裁判所に、政治過程を統合する役割を果たすものとして位置付け、そのような活動を期待したという事情もあるであろう（……）。もっとも、高度に政治的な問題であって国論を二分するような事件の処理については、前の項で述べたとおり、連邦憲法裁判所は、政治の渦中に巻き込まれないよう慎重な対応を行ってきているところである。

(3)　フランスにおいては、憲法院の違憲立法審査権の行使の在り方や限界について問題にされたのは、一九八一年の社会党政権の誕生以後、議会で可決された保革対決法案が、憲法院に舞台を移して争われるようになってきてからであり、そこでは、前の項で述べたとおり、イデオロギー的な対立となっている問題についての憲法院の態度いかんという形で議論が巻き起こっている。

以上のとおり、司法積極主義、消極主義といっても、憲法裁判所の権限や役割、さらには、裁判所を取り巻く歴史的、政治的、社会的環境をも考慮に入れて、その意味と価値を論じる必要があると思われる。

4　憲法判例の意味と評価について

各国の憲法裁判所は、政治と社会の激動の中でダイナミックな活動を続けてきている。そして、その活動の正しい評価は、その政治的、社会的背景を理解しなければ不可能であろう。それぞれの裁判所がそのときどきに言い渡した判例やそこに示された憲法の法理は、政治と社会との緊張関係において形成された産物であり、その意味と価値をとらえるためには、それだけを取り出して、抽象的にその内容を法律学的観点から分析するだけでは不十分である。

例えば、米国における double standard の法理（……）についてみれば、次のような点を指摘することができるであろう。すなわち、ストーン〔元米国連邦最高裁判所長官〕の主張する優越的自由権は、表現の自由に主眼があり、しかも、人種的、宗教的少数者が迫害されている状況を念頭に置いたものであったが、この法理が当時の米国社会のリベラリズムの流れに乗り、また、憲法革命後経済的自由権についての審査権を実質的に奪われたルーズベルト・コート時代の司法部が、そこに「司法の優越」の伝統を守り、「人権の砦」として存在意義を認めさせるための活路を見いだした等の事情が加わり、この法理が「はやり」となったのである。double standard の法理は、その後、紆余曲折を経て、今日、精神的自由全般の審査基準に拡張されるところまで一人歩きするに至ったが、この法理の登場が脚光を浴びたのは、このような政治的、社会的背景を無視し得ないのであり、この法理の意味と価値は、このようなコンテキストにおいて理解すべきであるという見方が主張されているところである。本研究は、このような観点から、憲法判例の真の意味と価値を浮き彫りにしようとしたものである。

5　憲法裁判を行う姿勢について

いうまでもなく、憲法問題は、その国の国家体制の基本や政治的対立に直接かかわることの多い重大問題である。憲法裁判所は、これを法的観点から処理する権限を与えられているが、その結果は、必然的に政治や社会の全体に影響を及ぼし、国家、国民の現在及び未来を方向付けることにもなり得るのである。

米国、西ドイツ及びフランスの憲法裁判の実態を見てみると、その構成員の多くは、憲法裁判を行うに当たってこのことを十分に自覚し、憲法の規定を機械的に解釈し適用するのではなく、政治的、社会的状況を見据えて、国民ないし社会全体が何を志向しているのかを注意深く見極め、その上で、政治の渦中に巻き込まれることなく、その時代・社会に適合する憲法の解釈を考えているように思われる。各国の憲法は、その文理が抽象的表現を用いていることもあって、このような解釈態度を許容しているはずであるといえよう。

憲法裁判所の構成員たるべき者にとって、憲法のこのような意味を探り出し、時代・社会に適合する新しい解釈を発見し、妥当な判断を下すことこそが、彼らの名誉ある責務であるように思われる。』

### 3　国論を分けるテーマと司法部の立ち位置について～時代を見据える裁判官の眼差し

(1)　前記の司法研究においては、各国の憲法裁判制度の形成、発展等については、正にその国の歴史的、政治的経緯があり、それを抜きにして、制度の評価はできないことが説明されている。典型的な例としては、積極的な違憲審査権を行使している西ドイツの連邦憲法裁判所は、第二次大戦後、ナチズムの不法に対する深い反省と東ドイツ・ソ連邦に地理的に接着した状況下での東西冷戦という厳しい政治情勢の下で創設されたのであり、憲法の基本的価値である「自由で民主的な基本秩序」を積極的に擁護する機関として期待され、ボン基本法の下、「戦う民主主義」を確保すること自体が設立の基本理念そのものであった。連邦憲法裁判所において能う限りの司法積極主義が採られたのは、そのような理由・背景からである。

このような西ドイツの当時の歴史的、政治的背景は、ドイツ固有のものであるが、仮に、これとは異なる状況下において、司法が憲法理念の実現の先頭に立ち、政治的問題を真正面から取り上げて憲法価値を直接実現するという活動の仕方は、場合によっては、司法部が、政治的対立に巻き込まれるおそれが大きく、法原理機関としての冷静で中立公平な態度を保持できるか、司法部として国民の信頼を保持できるかが問題になるところであろう。

(2)　司法研究によると、政治的対立の大きな問題についての米国連邦最高裁判所の活動の軌跡は、誠にダイナミックな動きを見せている。例えば、人種差別問題を調整しようとしたミズリー協定に対して、先例に従ってその憲法適合性の判断を回避できたにもかかわらず、政治的、社会的状況を無視し、奴隷制度を擁護する立場からこれを違憲とする判断を示したことが、人種差別紛争を巡る対立を益々激化させ、火に油を注ぐ結果となり、文字通り南北戦争の引き金になったというドレッド・スコット事件判決がある。また、F・ルーズベルト大統領が、社会福祉政策として掲げたニューディール政策が企業家の所有権の侵害となって違憲であるとした連邦最高裁判所の判断が繰り返し示されたことに反発し、自己の政策を実現するため、大統領自らの権限により、「九人の老人」の支配する連邦最高裁判所の判事の入れ替えを図ろうとしたところ、その後、選挙を通してニューディール政策が大多数の国民から支持されていることが明らかになったことから、大統領により司法権が侵害されかねず、三権分立の原則を危くするという司法の独立の危機ともいえる状況下で、二名の最高裁判事が、違憲から合憲に態度を変えることとなり、歴史的判例変更が行われ、結局、行政府による司法への直接的な介入という事態が回避されるに至ったという、歴史上いわゆる「憲法革命」といわれている出来事があった。さらに、ウォーレン・コート時代の司法積極主義は、閉塞した米国の社会状況下で、政治的対立のある大きな問題について、機能不全の政治部門ではなく、司法部による決着を期待した世論の動きを冷静に捉えて乗り出し、決断したものであり、ウォーレンの政治を見る目とその時代背景に注視すべきであろう（＊）。

＊平成二七年七月、我が国の最高裁判所（寺田逸郎長官）は、前任の竹﨑博允長官が前年に米国連邦最高裁判所に招聘されたことの返礼として、ジョン・G・ロバーツ米国連邦最高裁判所長官を我が国の最高裁に招聘し、その際、私も、日米両国における司法を巡る課題等について意見交換に加わったことがある。ロバーツ長官は、この来日の機会に、東京大学と京都大学とで講演を行い、特に京都大学では、「歴史的観点から見た米国連邦最高裁判所」（The Supreme Court of the United States in Historical Perspective）をテーマに、四日連続で若手裁判官や研究者等を相手に議論を行った。その際の講義レジメ（非公開）においては、マーベリ対マディソン事件判決、ドレッド・スコット事件判決、ニューディール政策違憲判決、ウォーレン・コートの一連の司法積極主義的判決等々を例に挙げ、これらをその時代の歴史的、政治的背景といった観点を踏まえてどう評価するべきかが問題として指摘されており、前記の司法研究の内容と同じ問題意識と評価を行うものであっ

たことに驚いた思い出がある。

（3）このほか、司法研究報告書が紹介するとおり、フランスの憲法院においては、ド・ゴール派による第五共和制体制が終わり、新たにF・ミッテラン大統領が率いる社会党政権が繰り出した社会主義的な企業国有化法案の合憲性審査において、ド・ゴールの時代に選任されていた憲法院のメンバーが、当時の政治的、社会的情勢を見極めて、国民の多数が支持する国有化法案を違憲として葬り去ることをせず、法案の根幹部分は合憲とし、細部についてだけ違憲判断を行い、政治的に大きく対立するテーマにおいて、いわば、火中の栗を拾うことを避けて微妙なバランスをとった判断を示したが、これが結果的に、左右の党派を超えて国民に受け入れられることとなり、憲法院の司法判断の信頼性を確保することとなったことも注目されるところである。

（4）これらは、いずれも、法原理機関であって、十分な民主的基盤を有していない（選挙により国民から直接選出されたわけではない）司法部にとって、時代の動きを見ながら、柔軟な憲法判断をし、事例判断にとどめたり、あるいは毅然として違憲判断を行ったりし、激動の渦の中で透徹した情勢分析と決断力を発揮して、時代とともに歩んできた軌跡が鮮やかに浮かび上がってくるのである。そこでは、司法積極主義、消極主義というよりも、多くの場合、憲法の理念を守りつつ時代とともに歩み、柔軟にかつ毅然として憲法判断を行い、国民の信頼を勝ち得てきたダイナミックな司法部としての姿が看て取れるのである。

我が国における司法部が、これらの欧米諸国の憲法裁判制度の歴史に何を学ぶのか、今後どのような態度をとり司法部としての信頼を勝ち得ていくのかは、容易なことではないが、私としては、期待を持ってしっかりと見守っていきたいと考えている。

# おわりに

## ――司法部にとって、時代とともに変わるべきもの、変わってはいけないもの　～中島みゆきの世界観？

もはや、多くを論ずるまでもなく、司法部にとって、時代とともに変わるべきものもあれば、変わってはいけないものもある。何が変わるべきものか？　何が変わってはいけないものか？　これを見極めるのが司法部、最高裁の最も本質的で重要な課題であって、そのためには、「違憲審査の焦点の定め方」こそが問われるところである。その際は、本書の「はしがき」で記したように、裁判官としてはトンボの眼を持ち続けることが必要である。すなわち、トンボの眼は、複眼的な視点を有しており、本質的なものとそうでないものをしっかりと見分けると同時に、小さな正義をしっかりと見つめることも司法の基本的な役割であり、他方、もちろん大きな正義を忘れてはならない。さらに、過去、現在、未来の問題状況とその変遷を常にフォローする姿勢を堅持した上、教条的に一刀両断に決め打ちすることなく、個々の事実を冷静に見て、その意味、価値を実証的に検討し、様々な意見、価値観、権利衝突の状況等をキョロキョロと複眼的に見ながら悩み続けるという地道な判断作用が求められるところであろう。

「行き先表示のまばゆい灯りは　列車の中から　誰にも見えない。無限軌道は真空の川　ねじれながら流れる」——中島みゆきの音楽劇・夜会vol. 13「24時着0時発」は、加熱するバブル経済期に未来を疑わず突き進んでいった人間の営みが挫折した後、残された者達の目線で見た不条理の世界を鮮やかに描き出している作品であるが、その中でこんな歌詞が歌われているのである。

司法は、先例のない紛争や憲法問題について、時代を見つめ、物事の本質を見極め、様々な事象に眼を配り、あるべき解決策、憲法判断を模索することが使命であり、そうして愚直に一つ一つの問題の解決を積み上げていくことが未来に繋がり、司法部の立ち位置をしっかりと築くことになるということであろう。中島みゆきのこの詞も、行き先が見えない列車に乗って時の流れを進む司法部の姿を連想させる響きがある。この夜会のフィナーレの冒頭に出てくるカタッ、コトッと繰り返す列車の走りを感じさせる音楽（そして、中島みゆきが演ずるサーモン・ダンスの美しい躍動感溢れるパフォーマンス）は、私にとって、日々歩み続けるための伴奏（伴走）のように聞こえてくるのである（最高裁判所広報誌「司法の窓」八〇号（二〇一五年）の私の巻頭随筆「一五のいす　未来に繋がる司法の歩み」より一部引用）。

我が国の司法部は、そんな歩みを続けながら未来を探していくしかないのではなかろうか。

# 事項索引

## あ　行



## か　行

## さ　行



## た　行

## わ　行

# 判例索引

最大判昭和 31 年 7 月 4 日民集 10 巻 7 号 785 頁（判例時報 80 号 3 頁）…………135
最大判昭和 44 年 4 月 2 日刑集 23 巻 5 号 305 頁（判例時報 550 号 21 頁）…………74
最大判昭和 48 年 4 月 4 日刑集 27 巻 3 号 265 頁（判例時報 697 号 3 頁）…83, 88, 100
最大判昭和 49 年 11 月 6 日刑集 28 巻 9 号 393 頁（判例時報 757 号 33 頁）……48, 64
最大判昭和 50 年 4 月 30 日民集 29 巻 4 号 572 頁（判例時報 777 号 8 頁）…………83
最大判昭和 51 年 4 月 14 日民集 30 巻 3 号 223 頁（判例時報 808 号 24 頁）
……………………………………………………5, 13, 29, 32, 35, 83, 88, 139
最大判昭和 58 年 4 月 27 日民集 37 巻 3 号 345 頁（判例時報 1077 号 30 頁）…5, 139
最大判昭和 59 年 12 月 12 日民集 38 巻 12 号 1308 頁（判例時報 1139 号 12 頁）…73
最大判昭和 60 年 7 月 17 日民集 39 巻 5 号 1100 頁（判例時報 1163 号 3 頁）
…………………………………………………………7, 13, 32, 39, 83, 88
最一小判昭和 60 年 11 月 21 日民集 39 巻 7 号 1512 頁（判例時報 1177 号 3 頁）…113
最大判昭和 62 年 4 月 22 日民集 41 巻 3 号 408 頁（判例時報 1227 号 21 頁）………83
最大判平成 5 年 1 月 20 日民集 47 巻 1 号 67 頁（判例時報 1444 号 23 頁）…………11
最大決平成 7 年 7 月 5 日民集 49 巻 7 号 1789 頁（判例時報 1908 号 36 頁）…90, 101
最大判平成 14 年 9 月 11 日民集 56 巻 7 号 1439 頁（判例時報 1801 号 28 頁）……83
最大判平成 17 年 9 月 14 日民集 59 巻 7 号 2087 頁（判例時報 1908 号 36 頁）
……………………………………………………………………83, 113, 116
最大判平成 18 年 10 月 4 日民集 60 巻 8 号 2696 頁（判例時報 1955 号 19 頁）
……………………………………………………………………139, 150, 152
最三小判平成 19 年 2 月 27 日民集 61 巻 1 号 291 頁（判例時報 1962 号 3 頁）……135
最大判平成 19 年 6 月 13 日民集 61 巻 4 号 1617 頁（判例時報 1977 号 54 頁）……11
最大判平成 20 年 6 月 4 日民集 62 巻 6 号 1367 頁（判例時報 2002 号 3 頁）
……………………………………………………………………83, 88, 101
最大判平成 21 年 9 月 30 日民集 63 巻 7 号 1520 頁（判例時報 2053 号 18 頁）
……………………………………………………………………150, 152
最大判平成 23 年 3 月 23 日民集 65 巻 2 号 755 頁（判例時報 2108 号 3 頁）……7, 14
最二小判平成 23 年 5 月 30 日民集 65 巻 4 号 1780 頁（判例時報 2123 号 3 頁）…123
最大判平成 24 年 10 月 17 日民集 66 巻 10 号 3357 頁（判例時報 2166 号 3 頁）
……………………………………………………………………150, 152, 153
最二小判平成 24 年 12 月 7 日刑集 66 巻 12 号 1337 頁（判例時報 2174 号 21 頁）…47

最二小判平成 24 年 12 月 7 日刑集 66 巻 12 号 1722 頁（判例時報 2174 号 32 頁）…47
最大決平成 25 年 9 月 4 日民集 67 巻 6 号 1320 頁（判例時報 2197 号 10 頁）
……………………………………………………………………………44, 77, 83, 87, 89, 151
最大判平成 25 年 11 月 20 日民集 67 巻 8 号 1503 頁（判例時報 2205 号 3 頁）………8
最大判平成 26 年 11 月 26 日民集 68 巻 9 号 1363 頁（判例時報 2242 号 23 頁）
……………………………………………………………………………………140, 151, 152
最大判平成 27 年 11 月 25 日民集 69 巻 7 号 2035 頁（判例時報 2281 号 20 頁）
……………………………………………………………………………………………13, 153
最大判平成 27 年 12 月 16 日民集 69 巻 8 号 2427 頁（判例時報 2284 号 20 頁）
………………………………………………………………………83, 87, 91, 104, 111, 115

**著 者 紹 介**

千 葉 勝 美（ちば　かつみ）

1970 年東京大学法学部卒業。1972 年判事補任官後，東京地裁判事，最高裁秘書課長・広報課長，最高裁民事局長・行政局長，最高裁首席調査官，仙台高裁長官を経て，2009 年 12 月から 2016 年 8 月まで最高裁判所判事。

違憲審査——その焦点の定め方

2017 年 5 月 1 日　初版第 1 刷発行

著　者　千 葉 勝 美

発行者　江 草 貞 治

発行所　株式会社　有 斐 閣

〒 101-0051
東京都千代田区神田神保町 2-17
(03) 3264-1314〔編集〕
(03) 3265-6811〔営業〕
http://www.yuhikaku.co.jp/

印刷・株式会社理想社／製本・牧製本印刷株式会社


ISBN 978-4-641-22724-8